Josef Kraus

Bildung
geht nur mit Anstrengung

**Wie wir wieder eine
Bildungsnation werden können**

Kleine CLASSICUS Reihe

CLASSICUS Verlag

© CLASSICUS Verlag, Hamburg
1. Auflage November 2011
Druck: Timm Specht Druck & Produktion GmbH
ISBN: 978-3-942848-27-5

Inhalt

Ein Wort vorweg

In kaum einem Bereich unserer Gesellschaft haben in den letzten Jahrzehnten so große Veränderungen stattgefunden wie im Bildungsbereich – und damit in den Schulen. Gezielt wurde das vielgliedrige Schulwesen in Verruf gebracht, bis schließlich das permanente Erproben aller möglichen neuen Systeme gängige Praxis wurde, bis jeder Kultusminister oder Bildungssenator „seine" Schulreform für die einzig seligmachende hielt und diese seinem Land verordnete.

Auf diese Weise ist eine große Zersplitterung in der deutschen Schullandschaft entstanden. Über alle 16 deutschen Länder hinweg gibt es mittlerweile an die fünfzig unterschiedliche Schulformen. Wichtig bei alldem ist aber allein die Frage: Haben die vielen Reformen die Schule verbessert? Machen sie das Lernen für unsere Kinder effektiver? Verlassen die Schüler die Schule – welche auch immer – mit gesichertem Wissen und einer ihnen nützenden Allgemeinbildung?

Wenn wir Unternehmen, mittelständischen Betrieben, Institutionen oder der Universität glauben können, dann ist das absolut nicht der Fall. Im Gegenteil: Viele Schüler - auch deutschstämmige - beherrschen die deutsche Sprache nicht mehr in ausreichendem Maße. Auch bei den Grundrechenarten hapert es gewaltig. Und immer lauter werden die öffentlich geführten Klagen über fehlendes Wissen in den naturwissenschaftlichen Fächern.

Längst sind bei Lehrern und Eltern massive Zweifel entstanden, ob die in den letzten Jahrzehnten so vehement propagierte Philosophie des (von Kindern) selbstbestimmten Lernens, das ausschließlich Spaß machen soll, aber nicht anstrengend sein darf, so richtig ist.

Diese und andere Erscheinungsformen im Bildungsalltag nimmt Josef Kraus unter die Lupe. Sachkundig und prägnant formuliert er, was nötig ist, um Schule wieder zu einem Ort des effektiven Lehrens und Lernens zu machen. Dabei stützt er sich auf seine eigenen jahrzehntelangen Erfahrungen als Lehrer, Schulpsychologe, Ausbilder von Schulpsychologen und Schulleiter an bayerischen Gymnasien. Als langjähriger Präsident des Deutschen Lehrerverbandes bringt er zudem Erfahrungen in einem bildungspolitischen Ehrenamt mit, in dem er mehr als hundert Schulminister und noch mehr Reformen hat kommen und gehen sehen.

Mit manchen seiner 33 Thesen mag man nicht einverstanden sein, aber man kann einem Fachmann in Sachen Bildung und Schule wie ihm - im Gegensatz zu den zahlreichen selbsternannten Bildungsexperten und –ökonomen – analytische Schärfe, fundiertes Wissen und große Praxiserfahrung nicht absprechen.

Claudia Ludwig, Verlegerin
November 2011

Einleitung

Deutschland jagt seine Schulen von einer Reform zur nächsten, von einem Durchlauferhitzer in den nächsten. Goethe würde zu solcher Reformitis sagen: „Es gibt nichts Entsetzlicheres als tätige Unwissenheit." Unwissenheit, ja Ignoranz - das ist überhaupt das Grundproblem der real praktizierten Schulpolitik in Deutschland.

Die sich als progressiv verstehende Bildungspolitik neigt sogar zu ersatzreligiösen Ansprüchen. In der Folge erleben wir in Schulpolitik und Schulpädagogik permanent einen Triumph der Ideologie über das Urteilsvermögen, des Bedarfs an Wohlbefinden über die Erkenntnis. Es ist dies Realitäts- und Wissenschaftsfeindlichkeit.

Wenn es früher mit der Jugend nicht so recht klappen wollte, sagte man: Jetzt hilft nur noch beten. Heute sagt man: Da hilft nur noch eine Bildungsreform und noch eine Bildungsreform und noch eine Bildungsreform. Bildungspolitik erscheint damit als Ersatzreligion, als Sozial- und Zivilreligion mit keinem geringeren Anspruch als dem der totalen Gerechtigkeit.

Statt dessen sollte Bildungspolitik werben für die Bereitschaft, die Unterschiedlichkeit der Menschen zu akzeptieren; für die Einsicht, daß Unterschiede Bereicherung bedeuten; für die Überzeugung, daß Gleiches gleich und Unterschiedliches unterschiedlich behandelt werden muß. Das wäre eine rationale und realistische Politik.

Würde man vor allem bedenken, was man wissen könnte und was nachfolgend skizziert wird, hätte man zu deren Wohl längst Schluß machen müssen mit dem ständigen Herumexperimentieren an jungen Menschen. Denn jeder junge Mensch hat nur eine Bildungsbiographie. Das unterscheidet junge Menschen von Werkstücken. Mit Werkstücken kann man experimentieren: Mißlingen sie, kann man sie einschmelzen oder erneut auf eine Fertigungsstraße bringen. Mit jungen Menschen geht das nicht. Deshalb brauchen wir wieder mehr Behutsamkeit und mehr Umsicht in der Bildungspolitik. Damit sich unsere Schulen mal wieder konsolidieren können, gilt: Mal keine Reform, das wäre doch mal eine Reform! Und: Schulpolitik in Deutschland braucht fern aller Ideologien wieder einen Blick für Fakten und Wahrheiten. Das kostet kein Geld. Im Gegenteil: Es würde Geld gespart, das man sonst mit vollen Händen für schulpolitische Prestigeprojekte hinauswirft. Dieses Geld sollte man verwenden für eine Maßnahme, die sehr effektiv und zudem nicht einmal sehr kostspielig wäre: Gebt den Schulen schlicht und einfach eine Stunden- und Lehrerversorgung von 105 Prozent! Mit diesem Plus an fünf Prozent kann man in Krankheitszeiten Unterrichtsausfall vermeiden; in den anderen Wochen Förderkurse für Spitzen- und für Risikoschüler einrichten. So einfach ist das. Millionen von Schülern hätten etwas davon.

Josef Kraus
November 2011

14

1. Bildung ohne Anstrengung geht nicht.

Die um sich greifende Wohlfühl-, Gute-Laune-, Spaß- und Gefälligkeitspädagogik schadet unseren Kindern. Wir müssen Kindern wieder mehr zutrauen und auch mehr zumuten. In Deutschland greift indes seit einigen Jahrzehnten eine Erleichterungspädagogik um sich. Progressive Pädagogen und Bildungspolitiker tun so, als gingen Bildung und Lernen ohne Anstrengung. In der Folge werden die Ansprüche heruntergefahren: der mutter- und der fremdsprachliche Wortschatz wird drastisch gekürzt, ein Auswendiglernen von Gedichten findet fast nicht mehr statt, das Einprägen von historischen oder geographischen Namen und Daten gilt als vorgestrig, Grundschüler dürfen gegen jede Orthographieregel „phonetisch" schreiben (Motto: „Wenn Falsches richtig ist."), die lateinische Ausgangsschrift soll durch die Grundschrift ersetzt werden, Deutschprüfungen bestehen im Ankreuzen von Multiple-Choice-Aufgaben oder im Ausfüllen von Lückentexten. Die Beispiele sind Legion. Daß diese pseudopädagogische Erleichterungsattitüde falsch ist, wußten Generationen von Eltern und Lehrern seit der Antike. Selbst ein Sigmund Freud, der bekanntermaßen vieles auf das Luststreben des Menschen zurückführte, war überzeugt: Leistung und Erfolg, ja das Erleben von Glück, setzen Bedürfnis- und Triebaufschub voraus.Trotzdem wurden Leistung und Anstrengung vor allem von einer 68er geprägten Pädagogik schier zu Mißgunst-Vokabeln. Da ist im Zusammenhang mit Schule immer noch und in übler Weise die Rede von „Leistungsstreß", „Leistungsdruck", „Leistungsterror". Wer Leistung und Anstrengung aber zu Mißgunst-Vokabeln macht, versündigt sich an der Zukunft unserer Kinder und unserer Gesellschaft.

Denn wer das Leistungsprinzip bereits in der Schule untergräbt, setzt eines der revolutionärsten demokratischen Prinzipien außer Kraft. In unfreien Gesellschaften sind Geldbeutel, Geburtsadel, Gesinnung, Geschlecht Kriterien zur Positionierung eines Menschen in der Gesellschaft. Freie Gesellschaften haben an deren Stelle das Kriterium Leistung vor Erfolg und Aufstieg gesetzt. Das ist die große Chance zur Emanzipation für jeden einzelnen. Ganz zu schweigen davon, daß der Sozialstaat nur dann funktioniert, wenn er von der Leistung von Millionen von Menschen getragen wird.

Jeder soll seines Glückes Schmied sein können. Mit Ellenbogengesellschaft hat das nichts zu tun. Vielmehr ist auch der Sozialstaat zugunsten Benachteiligter, Kranker und Alter nur realisierbar mit der millionenfachen Leistung und Anstrengung der Leistungsfähigen. Auch Sozialstaatlichkeit ist nur mit dem Leistungsprinzip machbar. Ein simpler Beweis hierfür ist die Tatsache, daß 20 Prozent der besonders Leistungsfähigen 70 Prozent des Steueraufkommens leisten. Deshalb kann das Sozialprinzip auch nicht über das Leistungsprinzip gestellt werden.

Auch im internationalen, im globalen Wettbewerb geht es nicht ohne Leistung. Wir sollten ansonsten auch froh sein, wenn wir leistungshungrige Spitzenschüler für zukünftige Eliten haben. Demokratie in Deutschland darf nicht zum Diktat des Durchschnitts werden. Eine zur Gleichheit verurteilte Gesellschaft wäre zur Stagnation verurteilt. Wer Elite legitimerweise sein kann, darüber gilt es zu streiten. Bloße Macht-Elite oder blanker Geldadel kann es nicht sein. Eine Leistungs- und Verantwortungselite muß es sein, die zugleich Reflexions- und Werte-Elite ist. Vor einem solchen

Hintergrund ist selbst Ungleichheit gerecht – nämlich dann, wenn Elite allen nützt, wenn das Handeln von Eliten quasi zu einem "inequality surplus", zu einem Mehrwert führt. Die Schulbildung kann dazu einen wichtigen Beitrag leisten, indem sie nach Talenten Ausschau hält und sie fördert.

2. Schule ist keine Institution zur Herstellung von Gleichheit, sondern zur Förderung von Verschiedenheit und Individualität.

Gewiß ist das Spannungsverhältnis von Gleichheit und Freiheit nicht aufhebbar. Deshalb gilt, was Goethe meinte: „Gesetzgeber oder Revolutionäre, die Gleichheit und Freiheit zugleich versprechen, sind Phantasten oder Scharlatane". Es gibt also kein Zugleich. Man erinnere sich in diesem Zusammenhang an Alexis de Toqueville (1835) und dessen warnendes Wort: Freiheit erliege gern der Gleichheit, weil Freiheit mit Opfern erkauft werden müsse und weil Gleichheit ihre Genüsse von selbst darbiete.

Freiheit oder Gleichheit? Bezogen auf Schulbildung lautet die Frage: Soll ein Schulwesen am Prinzip Freiheit oder am Prinzip Gleichheit orientiert sein? Gewiß doch an der Freiheit! Auch wenn wir dazu neigen, jede Form von Ungleichheit zu skandalisieren, gilt: Die „conditio humana" kennt keine Gleichheit. An der Unterschiedlichkeit und an der Vielfalt von Menschen ändern keine noch so moralisierende egalitäre Zivilreligion, kein Schulsystem und auch kein noch so gestalteter Unterricht etwas. Es ist nun einmal das unüberwindbare Dilemma des pädagogischen Egalitarismus: Egalitäre Schulpolitik erzielt vermeintliche Gleichheit allenfalls durch Absenkung des Anspruchsniveaus. Wer aber die Ansprüche senkt, der bindet gerade junge Menschen aus schwierigeren Milieus in ihren „restringierten Codes" fest. Selbst ein hochindividualisierender Unterricht zementiert Unterschiede.

Die Lernforscherin Elsbeth Stern schrieb dazu 2005: „Je besser der Unterricht ist, je mehr wir die Schüler ihren individuellen Möglichkeiten entsprechend fördern, desto mehr schlagen die Gene durch – und die sind nun einmal ungleich verteilt."

Verschiedenheit ist keine Ungerechtigkeit. Vielmehr ist nichts so ungerecht wie die gleiche Behandlung Ungleicher. Mit „Selektion" in dem von gewissen Leuten intendierten Sinn hat dies nichts zu tun. „Selektion" ist leider zum demagogischen Kampfbegriff geworden. Dieser Begriff soll ganz offenbar gezielt dunkle Kapitel deutscher Geschichte assoziieren lassen. Das ist schäbig, denn hier wird ein millionenfaches Leid der Opfer des NS-Terrors für billige Zwecke instrumentalisiert.

Außerdem: Das Prinzip Leistung und das Prinzip Auslese sind nun einmal die beiden Seiten ein und derselben Medaille. Zudem ist Auslese eine notwendige Voraussetzung für individuelle Förderung von Kindern. Die anti-thetische Formel „Fördern statt Auslese" ist grundfalsch. Es muß heißen: Fördern durch Differenzierung! Gleichmacherei würde zudem jede Anstrengungsbereitschaft gefährden, sie würde auch Eigenverantwortung und Eigeninitiative bremsen. Gleichmacherei wäre auch nur gefühlte Gerechtigkeit.

3. Es gibt Unterschiede in der Begabung von Menschen.

Was den Faktor Begabung betrifft, so mag es heute politisch nicht korrekt sein, davon zu sprechen. In manchen Diskussionen ist aus Begabung eine „vermeintliche Begabung" geworden. Wissenschaftlich haltbar ist eine solche Diktion nicht. Denn die Forschung hat eindeutig nachgewiesen, daß die Hälfte bis zwei Drittel des kognitiven Potentials durch Erbfaktoren bestimmt sind.

Trotzdem glaubten ab Mitte der 60er Jahre „Reformer" verkünden zu können, daß es Begabung im Sinne angeborener Fähigkeiten nicht gebe. Alles Verhalten einschließlich aller geistigen Fähigkeiten sei exogen, soziogen, so hieß es; das Endogene, das Genetische könne, ja es müsse vernachlässigt werden, weil der Glaube daran Ungerechtigkeiten fortschreibe. Nicht um eine statische Vorstellung von Begabung, sondern um einen dynamischen Begabungsbegriff, um das „Begaben" gehe es. Wer anderes im Sinn habe, sei zumindest ein Biologist. Vielmehr seien gemäß Milieutheorie Intelligenz und Schulerfolg determiniert durch die Schichtzugehörigkeit eines Individuums und durch die „Primärerziehung". Die Behavioristen seit John B. Watson (ab ca. 1920) und vermehrt ab Burrhus F. Skinner (ab ca. 1940) taten ein Übriges, indem sie verkündeten, nur die Umstände entschieden darüber, ob ein Mensch ein bewundertes Genie oder ein Verbrecher werde. Daraus leitete sich ein grenzenloser Optimismus ab, der das Neugeborene hinsichtlich Dispositionen als „tabula rasa", als „white paper" sehen wollte, auf dem Prägungen ohne Grenzen vorgenommen werden könnten. Im Land der unbegrenzten Möglichkeiten wurde vor allem folgender Leitspruch Watsons euphorisch aufgenommen: „Gebt mir zehn Babys, ich mache daraus einen Verbrecher, einen Politiker, einen Musiker..." Will sagen: Aus jedem könne durch Konditionierung alles werden, nichts sei angeboren und vererbt.

Konsequenterweise gerieten „Begabung" und „Intelligenz", in der Folge Intelligenztests und der Intelligenzquotient (IQ) in Mißkredit. Beide Instrumente bzw. Meßgrößen standen im Verdacht, Schichtzugehörigkeit zu zementieren. Dabei hätte man schon sehr früh wissen können (leidenschaftslose Psychologen wußten es), daß die Wahrheit in der Mitte liegt. Weder Anlage und genetische Disposition noch Umwelt und individuelle Soziogenese können für sich allein erhellend wirken, wenn es um Fragen der intellektuellen Entwicklung geht. Nur wenn Anlagefaktoren und Umweltfaktoren zusammen gesehen werden, gewinnt man ein realistisches Bild von menschlicher Entwicklung, denn Anlage und Umwelt wirken - heute sagt man: „synergetisch" - zusammen wie Boden und Klima: Der beste Boden bringt keine reiche Ernte, wenn das Klima miserabel ist, und das beste Klima läßt nicht üppig Früchte tragen, wenn der Boden es nicht hergibt.

Menschen kommen nun einmal unterschiedlich auf die Welt. Wer völlige Chancengleichheit will, müßte die Menschen entmündigen. Er dürfte beispielsweise ausschließlich die Schwächeren und Langsameren fördern. Die Stärkeren und Schnelleren müßte er den Eltern wegnehmen, sie aus der Schule verbannen, ihnen jede Möglichkeiten nehmen, Zeitung zu lesen, Rundfunk zu hören, Fernsehen zu schauen, Museen zu besuchen, ins Internet zu gehen usw.

Beim Start in die Bildungslaufbahn sollten selbstverständlich alle die gleichen Chancen haben, gleiche Zielchancen kann es aber nicht geben. So äußert sich auch der Begabungsforscher Christopher Jencks, dessen Klassiker von 1972 „Inequality" betitelt ist (und der in Deutschland im Jahr 1973 im Rowohlt-Verlag bezeichnenderweise mit dem Titel „Chancengleichheit" auf den Markt kam). Bereits bei Jencks findet sich die Feststellung: Chancengleichheit durch Bildung ist eine Illusion, denn selbst wenn Bildung am Ende gleichmäßig verteilt wäre, schlagen doch andere Unterschiede durch: familiäre Förderung, Begabung usw. Die kompensatorische Erziehung kann die Handicaps der Unterprivilegierten nicht total kompensieren.

4. Zur Schule gehören Noten und Zeugnisse.

Auch wenn manch Progressive sie immer wieder abschaffen wollen: Das Gros der Schüler und Eltern hat keinerlei Probleme mit Schulnoten. Und selbst Schüler mit schwächeren Leistungen zeigen ihre Noten oft genug wie Trophäen herum. Auch sehen die allermeisten Eltern in Noten ganz nüchtern nichts anderes als eine transparente Bilanz dessen, was der eigene Sprößling gerade geleistet oder eben nicht geleistet hat. Vor allem sollte man nicht vergessen: Jede einzelne Schulnote ist nicht nur blanke Ziffer, sondern dahinter stecken oft genug endlos viele Korrekturzeichen und viele Verbesserungsvorschläge, so daß daran der individuelle Förder- und Nachholbedarf erkennbar wird. Nur werden aus solchen Orientierungshilfen seitens der Schüler und deren Eltern nicht immer Konsequenzen gezogen. Denn eigentlich dürfte es keinen Vater und keine Mutter überraschen, was im Jahreszeugnis der Töchter und Söhne steht. Man müßte nur ehrlich sein, sich kontinuierlich um die Schullaufbahn des eigenen Nachwuchses kümmern und an seiner Leistungsentwicklung Anteil nehmen.

Ansonsten entfalten Noten in aller Regel eine motivierende Wirkung: Erfolgreiches Arbeiten wird damit im Sinne eines „Weiter so!" bestärkt. Schwächere Schulnoten sind demgegenüber eine mehr oder weniger massive, oft auch notwendige Aufforderung an alle Beteiligten, über die zukünftig richtige Schullaufbahn und über zukünftiges Lern- und Arbeitsverhalten nachzudenken. Hinter schlechten Noten steckt nämlich neben Unaufmerksamkeit im Unterricht zumeist ein gewachsenes Wissensdefizit, das sich bei Fortsetzung des bisherigen Arbeitsverhaltens oder des bisherigen Bildungsweges weiter zu vergrößern droht.

Unsinnig werden Noten und in der Folge Zeugnisse nur, wenn Eltern, Schüler oder Lehrer etwas, zum Beispiel ein Persönlichkeitsurteil, hineinprojizieren, was Noten und Zeugnisse nicht beinhalten. Unsinnig werden Noten und Zeugnisse sodann, wenn Eltern Zuwendung von Noten abhängig machen und wenn bereits für die knapp befriedigende Einzelnote reichlich materielle Belohnung bis hin zum 50-Euro-Schein „rüberwächst".

Die vielfach proklamierten Alternativen zu Ziffernnoten sind keine echten Alternativen, denn entweder sind es geschönte Verbalgutachten, oder sie sind in einer Sprache gehalten, die Eltern und Schüler postwendend zur Frage an die Lehrer veranlassen: Welche Note wäre das denn jetzt? Insgesamt gilt: Schule kann keine Schule ohne eindeutige Leistungsbilanzen sein, sonst befände sich Schule in einem Elfenbeinturm - und das inmitten einer Leistungsgesellschaft.

Zur Farce werden Noten freilich, wenn sie nur noch „sehr gut" oder schlimmstenfalls „gut" ausfallen, das heißt, wenn Spitzennoten inflationär vergeben werden. Dieser Trend greift in Schule und Hochschule um sich. Durchschnittliche Abiturnoten ganzer Schulen oder gar ganzer deutscher Länder um die Note 2 sind keine Seltenheit mehr. Bis hinauf in die Universitäten und deren naturwissenschaftliche Fachbereiche ist die schlechteste Note, die vergeben wird (und dies auch nur extrem selten), oft nur noch eine Vier. Die hilflose und resignierende Erklärung vieler Prüfer bis hinauf zu Universitätspräsidenten lautet: Was sollen wir uns mit schlechten Noten herumschlagen, der Markt wird es schon richten! Kein Kenner wird behaupten, daß dieser Trend mit einem gesteigerten Leistungsniveau der Schüler und Studenten zu tun hat. Nein, dieser Trend hat damit zu tun, daß die Politik quasi planwirtschaftlich und gefälligkeitspsychologisch bessere Noten haben will und in der Folge die Vorgaben für die Vergabe und die Berechnung von Noten liberalisiert hat. Die Politik und in der Folge viele Lehrer respektive Hochschullehrer schaffen sich damit die zunehmende Klagewütigkeit von Eltern bzw. von Studenten vom Hals.

5. Zum Leben gehört das Risiko des Scheiterns. Die Abschaffung des „Sitzenbleibens" ist der falsche Weg.

Die Forderung nach Abschaffung des Sitzenbleibens ist pädagogischer Unsinn. Zunächst einmal wird das Ausmaß des Sitzenbleibens gewaltig überschätzt. Wenn pro Schuljahr in Deutschland 200.000 Schüler das Ziel ihrer zuletzt besuchten Klasse nicht erreichen, dann mag das auf den ersten Blick eine große Zahl sein. Diese Zahl relativiert sich aber erheblich, wenn man berücksichtigt, daß sich ein gutes Drittel davon dem Wiederholen durch einen Wechsel an eine andere Schulform entzieht. Vor allem relativieren sich die 200.000, wenn man sie in Beziehung zur Gesamtschülerschaft in Deutschland setzt: Dann sind es von zwölf Millionen Schülern 1,7 Prozent.

Untauglich ist die Sitzenbleiberstatistik auch für die Berechnung von angeblichen Einspareffekten, die man hätte, wenn es kein Sitzenbleiben gäbe. Es mag ja sein, daß der Durchschnittsschüler pro Jahr etwa 4.500 Euro kostet, man laut Milchmädchenrechnung also pro Wiederholerjahr eben diesen Betrag einsparen könnte. Aber das stimmt schon bei vielen gymnasialen Sitzenbleibern deshalb nicht, weil sie über kurz oder lang in einem nach Jahren erheblich kürzeren Bildungsgang landen. Viele von den 200.000 werden im übrigen durch die mittlerweile recht großzügigen Möglichkeiten wie Nachprüfungen oder Vorrücken auf Probe doch noch versetzt.

Die Sitzenbleiberquote könnte durchaus gesenkt, womöglich sogar halbiert werden, nämlich dann, wenn man den Schulen zusätzliche Förderstunden für schwächere Schüler zur Verfügung stellte. Für Schüler aber, die am Ende des Schuljahres in mehreren Kernfächern mangelhafte Leistungen haben, wäre ein Aufstieg in die nächste Klasse eine krasse Fehlinvestition für die ganze Gesellschaft. Für diese Schüler ist nämlich das Wiederholen eine Chance zur Konsolidierung. Diese Chance dürfen wir ihnen nicht nehmen. Gäbe es gar kein Durchfallen mehr, würde sich ein noch größerer Anteil von Schülern überhaupt nicht mehr anstrengen wollen, und das Leistungsniveau vieler Klassen würde sinken. Eine Abschaffung des Sitzenbleibens käme einem Recht auf Wohlfühlschule mit Abiturvollkaskoanspruch gleich. Viele Sitzenbleiber-„Karrieren" ließen sich auch dann vermeiden, wenn man gewisse Zeichen seitens der Schüler, Eltern und Lehrer richtig zu deuten wüßte.

Ansonsten ist ein Sitzenbleiben kein Stigma, man kann es damit – wie Beispiele beweisen – in höchste Ränge der Politik, Wirtschaft und Wissenschaft bringen. Zudem hat das Rheinisch-Westfälische Institut für Wirtschaftsforschung (RWI) 2004 in einer Untersuchung von 2.500 ehemaligen Schülern der Geburtsjahrgänge 1961 bis 1973 festgestellt, daß die meisten Schüler von einer Ehrenrunde profitieren.

6. Die moderne Gehirnforschung bestätigt uralte pädagogische Erfahrungen.

Seit der Jahrtausendwende 2000 wird die Vorstellung propagiert, die Hirnforschung sei zur „neuen Leitwissenschaft" jeglicher Bildungsforschung geworden. Mit Hilfe der Neurobiologie will man rezeptologisch das Lernen bei allen Zöglingen hocheffizient machen können. Worterfinder haben daraus bereits eine „Neuropädagogik" und eine „Neurodidaktik" gezimmert.

Vieles aber, was Hirnforscher unter die Leute bringen, ist bei Pädagogen längst bekannt. Selbst einer der renommiertesten und seriösesten Hirnforscher Deutschlands, Gerhard Roth, räumt dies in seinem Ende 2011 erschienenen Buch „Bildung braucht Persönlichkeit" ein. Keine der von den Neurobiologen vorgeschlagenen pädagogischen Maßnahmen, so Roth, sei wirklich neu.

Vermessen geben sich so manche Apostel einer Neuropädagogik trotzdem. Besonders häufiger Zitation erfreut sich ihre These, daß durch das bestehende deutsche Schulsystem die linke, rationale Hirnhälfte permanent überfordert und die rechte Hirnhälfte mit ihren kreativen Potentialen unterfordert werde. Dieser Hemisphären-Hokuspokus ist allerdings in nichts bewiesen. Ebensowenig wie der allseits beliebte Mythos, daß der normale Mensch nur einen Bruchteil seiner Hirnkapazitäten nutze.

Die blanke Beschreibung einfachster Lernvorgänge, wie sie die Neurobiologie unter Einsatz hochkomplizierter Technik liefert, hilft zwar, dieses oder jenes pädagogisch besser zu verstehen, konkrete Lernrezepte lassen sich daraus aber nicht ableiten. Der Glaube aber gerade der Bildungspolitik, mit Hilfe der Hirnforschung ein Bildungssystem zu ungeahnten Höhen führen zu können, ist Aber- und Wunderglaube zugleich. In den allermeisten Fällen ist das, was die Neurobiologie liefert, nicht mehr und nicht weniger als die Bestätigung von Erfahrungen von Millionen Pädagogen, die diese ohne Elektroencephalographie (EEG), funktionelle Magnetresonanztomographie (fMRT), Magnetic Resonance Imaging (MRI) oder Positronen-Emissions-Tomographie (PET) gewonnen hatten. Ansonsten wird die Neurobiologie auch zukünftig keinen neuropädagogisch konstruierten Nürnberger Trichter nach dem Vorbild des Poetischen Nürnberger Trichters der Barockliteratur zuwege bringen, sondern vermutlich immer wieder die folgenden sechs uralten pädagogischen Grunderkenntnisse bestätigen.

Erstens: Die streßfreie Schule ist ein Hirngespinst. Allerdings gibt es zwei Arten von Streß, nämlich einen negativen und krankmachenden Streß, aber auch einen positiven, die Gesundheit fördernden und lebensverlängernden Streß. Letzteren scheint man in moderner Kuschelpädagogik nicht wahrhaben zu wollen. Vielmehr redet man Eltern und Schülern so lange ein, Leistung sei stets negativer Streß, bis Eltern und Schüler ihn tatsächlich so empfinden. Man übersieht dabei, daß leichter, anregender Streß lernfördernd ist.

Zweitens: Unterricht muß in hohem Maße aktivierend sein. Lernende sollten möglichst oft Gelegenheit bekommen zu erfahren, was Heinrich von Kleist in einem Aufsatz beschrieben hat: „Die allmähliche Verfertigung des Gedankens beim Reden". Lernende sollten verinnerlichen, daß der, der fragt, lernt, weil er den Stoff fragend schon vorstrukturiert. Daß - umgekehrt - Passivität nicht nur den Lernforschritt bremst, sondern auch die Intelligenz, wissen wir aus der Erfahrung mit unseren Schülern nach den großen Ferien. Und auch die Intelligenzforschung bestätigt uns: Nach den Ferien sinkt der IQ um ca. drei IQ-Minuspunkte.

Drittens: Lernen muß mehrkanalig sein. Je mehr Sinneskanäle angesprochen werden, um so effizienter und effektiver speichert das Gedächtnis etwas. Das heißt: Man muß möglichst immer mit allen Sinnen lernen – zumindest mit Auge und Ohr zugleich. Man weiß, daß man folgende Anteile des Wahrgenommenen im Gedächtnis behält: 10 Prozent, wenn wir es nur lesen; 20 Prozent, wenn wir es hören; 30 Prozent, wenn wir es sehen; 50 Prozent, wenn wir es hören und sehen; 70 Prozent, wenn wir es selbst sagen; 90 Prozent, wenn wir es selbst tun. Das heißt: Je mehr man sich anstrengt, indem man sich mit möglichst vielen Sinnen und mit eigenem Handeln einbringt, desto größer der Erfolg.

Viertens: Übung macht den Meister. Ohne Übung geht nichts. Nur der kleinere Teil der Lernstoffe ist so attraktiv, daß er sich beim ersten Mal einprägt. Für das Gros gilt: Nur mit regelmäßigem Wiederholen gelangt der Lernstoff vom Ultrakurzzeitgedächtnis über das Kurzzeitgedächtnis ins Langzeitgedächtnis. Das gilt für so ziemlich alle Lernbereiche: Ein routinierter Fließbandarbeiter hat einen Handgriff ein- bis zweimillionenmal getan, bis er optimal automatisiert ist. Ein guter Musiker hat bis zum 20. Lebensjahr ca. 10 000 Übungsstunden hinter sich. Soll Virtuosität erreicht werden (das gilt für die Musik ebenso wie für die Sprache), muß das Lernen also sehr früh beginnen und lange währen. Allerdings ist Wert zu legen auf verteiltes Lernen. Vor allem im Bereich des prozeduralen Gedächtnisses ist dies notwendig (z. B. Schreibmaschineschreiben oder Musikinstrument erlernen). Hier ist es besser, etwa viermal eine Viertelstunde als einmal eine ganze Stunde zu üben. (Das gilt auch für das Erlernen von Vokabeln.) Grundsätzlich gilt außerdem: Das Wiederholen soll in länger werdenden Abständen erfolgen. Und es gilt: Lernen in letzter Minute schadet. Deshalb: Frühzeitig zu lernen beginnen! Vorsicht vor „last minute learning"! (Sonst kommt es zu einer „ekphorischen" Gedächtnishemmung, also zu einer Hemmung beim Abrufen des Gelernten.)

Fünftens: Neugier fördert das Lernen. Allen Säugetieren ist gemeinsam: Ihre Heranwachsenden sind ausgesprochene Neugierwesen. Deshalb betreiben sie Bewegungsspiele und Sozialspiele. Durch beide Spielarten wird Überlebensnotwendiges geschult: in einem Fall die Motorik, im anderen Fall das Sozialverhalten gegenüber Artgenossen. Ein Zuwenig an Anregung aber führt zu intellektueller und emotionaler Verarmung. Lebewesen, die in einem reich strukturierten Umfeld aufwachsen, entwickeln einen größeren Cortex, stärker verzweigte Dendriten (neuronale Empfängerzweige) und eine höhere Anzahl an Synapsen. Auf Menschen übertragen, kann man folgern: Wichtig für das Lernen sind soziale Sicherheit und ein anregendes Umfeld. Die Anregung muß freilich so dosiert sein, daß sie stimuliert. Sie darf nicht zu gering und nicht zu groß sein, sonst nimmt sich das Individuum zurück.

Sechstens: Bewegung fördert die Gehirnentwicklung. Aus der Gerontologie wissen wir: Körperliche Aktivität beugt Demenz vor. Allgemein wissen wir aber auch: Bewegung fördert die Produktion von Endorphinen. Außerdem zeigt der Tierversuch: Mäuse, die sich (zum Beispiel im Laufrad) viel bewegen können, produzieren im Hippocampus mehr Gehirnzellen. Deshalb gilt: Sport fördert die Gehirnentwicklung. Und: Sport stabilisiert das Vegetativum. Das gilt für jedes Lebensalter. Vor Prüfungen ist das besonders wichtig.

7. Wir brauchen schulische Vielfalt statt integrierte Einfalt.

Die Einheitsschule in Deutschland ist gescheitert. Deshalb gibt es keinen Grund, sie jetzt im Gewande der Gemeinschaftsschule/Stadtteilschule o. dgl. neu aufzulegen. Die Gesamtschule hat in Deutschland Jahrzehnte durchschlagender Erfolglosigkeit hinter sich. Seit den 70/80 Jahren hat sie in allen Studien schlecht abgeschnitten. Besonders eindrucksvoll ist die Studie „Bildungsverläufe und psychosoziale Entwicklung im Jugendalter" (BIJU) des Max-Planck-Instituts für Bildungsforschung (MPIB). Für NRW etwa wird als Hauptergebnis festgehalten: Am Ende der 10. Klasse liegen Gesamtschüler in Mathematik im Vergleich mit Realschülern um zwei, im Vergleich mit Gymnasiasten um mehr als zwei Jahre zurück - und das trotz einer Schülerklientel der Gesamtschule, die sich von der Schülerklientel der Realschule weder hinsichtlich sozialer Herkunft noch hinsichtlich intellektueller Fähigkeiten unterscheidet. Zugleich sind es die Länder Bayern und Sachsen, die bei PISA eben ohne Gesamtschulen ganz nahe an die internationalen Spitzenwerte herankommen.

Es ist auch keineswegs jede öffentlich hochgejubelte oder gar preisgekrönte Gesamtschule die „beste Schule Deutschlands". Allein die Tatsache, daß es eine Inflation an Schulpreisen gibt, an denen sich in der Regel jeweils kaum mehr als hundert der 42.000 Schulen in Deutschland beteiligen, macht das deutlich.

Die Behauptung etwa, deutsche Gesamtschulen würden bei PISA besonders gut abschneiden, ist eine Lüge. Die seit Ende 2002 in der Öffentlichkeit herumgereichten und öffentlich nie korrekt dargestellten PISA-Ergebnisse der Laborschule Bielefeld und der Helene-Lange-Schule Wiesbaden als zweier angeblich herausragender Reformschulen haben für manchen Irrglauben gesorgt. Tatsächlich sind die PISA-Daten dieser beiden Schulen alles andere als spektakulär gut. Bedauerlicherweise aber haben sich hier eine Nachrichtenagentur und einige Zeitungen für eine Art „Hofberichterstattung" zugunsten der beiden Schulen instrumentalisieren lassen (siehe Etiketten wie „Musterschulen" und „Traumnoten" usw.). Letztere Vermutung wird zusätzlich genährt durch die Tatsache, daß dieselben Agenturen und Zeitungen es unterlassen haben, eine Presseerklärung des Max-Planck-Instituts für Bildungsforschung (MPIB) vom 26. November 2002 zu verbreiten, in der sich das Institut von den Inhalten und der Art der öffentlichen Darstellung der beiden Schulergebnisse distanziert. In keinem Fall aber taugen die PISA-Ergebnisse der beiden Schulen in Bielefeld und in Wiesbaden als Beleg für die angebliche Überlegenheit von Gesamtschulen.

Zur Helene-Lange-Schule Wiesbaden (HLS): Diese Schule als integrierte Gesamtschule der Jahrgangsstufen 5 bis 10 (ehemals war sie ein Gymnasium) war im Rahmen von PISA regulär im Jahr 2000 getestet worden. In Teilen der Presse wurde im November 2002 berichtet, daß die HLS eben als integrierte Gesamtschule im PISA-Subtest Lesen einen Wert von 579 erreicht habe, quasi Spitze national und international sei und Finnland wie auch Bayern übertreffe. Hierzu ist festzuhalten: Die HLS war an der PISA-Untersuchung - wie andere getestete Schulen auch - mit nur rund 23 Schülern beteiligt. Das ist keine repräsentative Stichprobe, um eine Schule mit einem ganzen Land vergleichen zu können. Die HLS-Schülerschaft insgesamt setzte sich zu 55 Prozent aus Gymnasialempfohlenen, zu 30 Prozent aus Realschulempfohlenen und zu 15 Prozent aus Hauptschulempfohlenen zusammen. Der berichtete Wert von 579 PISA-Punkten sollte also mit den Ergebnissen der deutschen Gymnasien verglichen werden. Im Vergleich mit süddeutschen Gymnasialergebnissen rangiert der HLS-Wert dann im hinteren Drittel. In die Schlagzeilen, diesmal in weniger schmeichelhafte, war die HLS übrigens im Jahr 2010 geraten, als bekannt wurde, daß Gerold Becker an der HLS viele Jahre als Berater tätig war. Der zwischenzeitlich verstorbene Becker war von 1972 bis 1985 Leiter der Odenwaldschule und dort maßgeblicher Verantwortlicher für zahllose Fälle von Kindesmißbrauch gewesen.

Zur Laborschule Bielefeld: Auch die Darstellung der Laborschule Bielefeld als Schule mit angeblich überragenden Werten ist falsch. Hierzu reicht als entscheidender Satz die folgende Passage aus der Presseerklärung des MPIB vom 26. November 2002: „Wie auch in der am 14.11.2002. . . veröffentlichten Dokumentation nachzulesen, erzielten die Schülerinnen und Schüler der Laborschule Bielefeld im Lesen und in Naturwissenschaften ähnliche Leistungen wie vergleichbare Schülerinnen und Schüler anderer Schulen. Diese Ergebnisse verweisen also weder auf besondere Stärken noch auf besondere Schwächen der Laborschule. In Mathematik liegen die Leistungen etwas unterhalb des Wertes, den man aufgrund der Zusammensetzung der Schülerschaft in der Laborschule erwarten würde."

Die Erfolglosigkeit deutscher Gesamtschulen ist den Steuerzahler übrigens teuer zu stehen gekommen. Man weiß, daß Gesamtschulen um rund 25 bis 30 Prozent teurer sind als Schulen des gegliederten Schulwesens. Gesamtschulen in Deutschland sind gleichwohl trotz weit überdurchschnittlicher personeller Ausstattung bei Leistungstests stets weit hinter den Realschulen gelandet.

Die Behauptung, durch die Gesamtschule könne ein sozialer Ausgleich stattfinden, ist ebenfalls falsch. Langzeitstudien haben nachgewiesen: Der Besuch einer Gesamtschule schafft keineswegs bessere soziale Aufstiegsmöglichkeiten. Außerdem erzielt eine von Gleichmacherei geprägte Schulpolitik vermeintliche Gleichheit allenfalls durch Absenkung des Anspruchsniveaus. Das Ergebnis wären ein irreparabler gesellschaftlicher Flurschaden und politisch allenfalls vorübergehend gefühlte Gerechtigkeit.

Das gilt auch für die seit etwa 2010 unter Berufung auf eine UN-Konvention angesagte „inklusive" Beschulung Behinderter. Natürlich haben gerade Benachteiligte einen besonderen Anspruch auf individuelle Förderung. Man sollte aber Inklusion als Ziel und Inklusion als Mittel unterscheiden. Die Inklusion Behinderter als Ziel sollte unumstritten sein. Die Wege dorthin aber können in vielen Fällen verschiedene sein. Hier ist zunächst nach Behinderungsarten zu unterscheiden. Daß etwa körperlich Beeinträchtigte in jeder Regelschule „inkludiert" werden können, ist nur eine Frage der Baulichkeit des Schulgebäudes. Bei intellektuell schwer Beeinträchtigten ist das etwas anderes. Man sollte auch nicht übersehen, daß es kaum ein Land auf der Welt gibt, das für Benachteiligte ein so hoch differenziertes und individualisierendes Förderschulwesen unterhält wie Deutschland. Es wäre für viele benachteiligte junge Menschen ein schwerer Verlust, wenn es dieses Förderschulwesen im Zuge der Umsetzung der UN-Konvention nicht mehr gäbe.

8. Vier Jahre Grundschule sind genug. Dann ist eine Entscheidung über die weitere Schullaufbahn sinnvoll.

Was den Zeitpunkt der Differenzierung der Schullaufbahnen betrifft, so sagen die Fakten und alle namhaften Studien eindeutig aus: Deutsche Länder mit einer längeren gemeinsamen Schulzeit wie Berlin und Brandenburg mit einer sechsjährigen Grundschule gehören zu den innerdeutschen PISA-Verlierern. Der Lernrückstand von Grundschülern in Berlin nach der 6. Klasse gegenüber Schülern, die grundständige weiterführende Schulen besuchen konnten, beträgt bis zu einem Lernjahr. Prof. Kurt Hellers (1996) Fazit lautet: „Eine Verlängerung der vierjährigen Grundschule würde keine erkennbaren Vorteile, wohl aber mit Sicherheit Nachteile für viele Grundschüler mit sich bringen ... Bislang existieren keine Studien, die höhere Trefferquoten nach einer fünf- oder sechsjährigen Grundschulzeit nachweisen konnten." Prof. Peter Roeders (1997) Fazit heißt: „Die Leistungen nach sechsjähriger Grundschule liegen erheblich unter denen von Schülern, die den Wechsel aufs Gymnasium bereits nach der 4. Grundschulklasse vollzogen haben. Für Englisch und Mathematik beträgt der Unterschied etwa eine Standardabweichung." Das ist mehr als ein Schuljahr. Von ebensolcher Eindeutigkeit ist die Studie mit dem Titel „ELEMENT" von Prof. Rainer Lehmann von 2008. Danach werden Kinder durch eine sechsjährige Grundschule gebremst: Der Rückstand am Ende der 6. Grundschulklasse beträgt im Lesen eineinhalb Jahre, in Mathematik und Englisch zwei Jahre (im Vergleich mit Schülern, die nach der 4. Klasse in eine weiterführende Schule gehen können). Vor allem leistungsstärkere Schüler werden zu wenig gefördert.

Grundsätzlich gilt deshalb: Eine verlängerte Grundschule provoziert zusätzlich Probleme. Die Entscheidung über den weiteren Bildungsweg würde damit in die schwierigere Phase der beginnenden Pubertät verlegt. Außerdem provoziert eine verlängerte Grundschule bei dem Drittel der besonders leistungsfähigen Schüler Frustration durch Unterforderung und bei dem Drittel der langsameren Schüler Frustration durch Überforderung.

Falsch ist auch die Behauptung, die Schulstudien IGLU (mit Grundschülern) bzw. PISA (mit Fünfzehnjährigen) hätten bewiesen, daß Deutschland in der Grundschule international vorne stehe (weil Grundschule ja Gesamtschule sei) und mit den weiterführenden Schulformen des gegliederten Schulwesens zurückfalle. Ein PISA-IGLU-Vergleich ist nämlich erst zulässig, wenn man nur diejenigen 27 Länder berücksichtigt, die sich etwa 2006 an PISA und an IGLU beteiligt haben. Dann sieht man: Bei PISA liegt Deutschland hier auf Platz 9 und bei IGLU auf Platz 8. Daraus Schlußfolgerungen zu den Vorzügen oder Nachteilen eines weiterführenden Schulwesens zu ziehen, ist unzulässig. Außerdem sind die untersuchten Kohorten nicht vergleichbar. Bei PISA wurden Fünfzehnjährige unabhängig von der besuchten Klasse getestet, bei IGLU Viertkläßler unabhängig vom Lebensalter. Da deutsche Schüler im internationalen Vergleich deutlich später eingeschult werden, hängen die bei PISA getesteten deutschen Schüler schulisch hinterher, während die bei IGLU getesteten älter sind als ihre Kameraden in anderen Ländern. Wäre bei PISA ebenfalls nach Klassen getestet worden, hätten die Deutschen besser abgeschnitten, und wäre bei IGLU nach Alter getestet worden, hätten die Deutschen schlechter abgeschnitten.

Die schulische Differenzierung nach der 4. Grundschulklasse ist nicht nur notwendig, sondern auch sinnvoll, denn es ist zu diesem Zeitpunkt auf der Grundlage der Schulleistungen und des Lernverhaltens eines Kindes eine zuverlässige Prognose möglich. Die Grundschullehrer haben einen genauen Blick für das Leistungsvermögen ihrer Schüler. Dieses Urteil kann gar nicht hoch genug einschätzt werden. Darüber hinaus sind vor allem die Leistungen eines Grundschulkindes in den Fächern Deutsch und Mathematik aussagekräftig. Viertkläßler, die in diesen beiden Fächern gute Leistungen aufweisen, finden sich mit hoher Wahrscheinlichkeit ohne Umwege unter den späteren Abiturienten wieder; Viertkläßler, die in Deutsch und Mathematik nur befriedigende oder schwächere Leistungen zeigen, finden auf direktem Weg eher selten den Weg zum Abitur. Das heißt nicht, daß sie nicht auch zu einer qualifizierten Berufsbildung oder zu einer Studierberechtigung gelangen können. Für sie bieten sich gleichwertige Bildungswege außerhalb des Gymnasiums an.

Interessant auch: Eine Abschaffung der verbindlichen Übertrittsbedingungen bringt keinen Gewinn an sozialem Ausgleich. Im Gegenteil! Im Mai 2010 hat das Bundesministerium für Bildung und Forschung (BMBF) eine 400 Seiten starke Studie mit dem Titel „Der Übergang von der Grundschule in die weiterführende Schule - Leistungsgerechtigkeit und regionale, soziale und ethnisch-kulturelle Disparitäten" vorgelegt. Einbezogen in die Untersuchung waren bundesweit 4768

Schüler aus 227 Klassen sowie deren Eltern und Lehrer. Als ein zentrales Ergebnis werden in der Studie die Auswirkungen des Verbindlichkeitsgrades der Grundschulempfehlung auf die elterliche Wahl der weiterführenden Schule in Abhängigkeit von der eigenen sozialen Herkunft beschrieben. Es wird festgestellt, daß eine verbindliche Grundschulempfehlung zusammen mit einer objektivierenden Nachprüfung die soziale Ungleichheit beim Übergang in die weiterführende Schule reduziert. Kaum anders fiel das Ergebnis einer Studie der Universität Mannheim (Autor: Jörg Dollmann) mit 708 Kölner Grundschülern Ende 2011 aus. Danach verstärkt die Abschaffung verbindlicher Übertrittsempfehlungen für Viertkläßler soziale Unterschiede. Lehrer beurteilen leistungsgerechter als Eltern. Leistungsstarke Kinder aus bildungsfernen Familien finden bei einer verbindlichen Übertrittsempfehlung deutlich häufiger den Weg auf das Gymnasium. Und umgekehrt: Eltern mit höherem Bildungsumfeld melden ihr Kind bei unterdurchschnittlichen Leistungen seltener am Gymnasium an.

9. Wir brauchen eine verbesserte Hauptschule und nicht deren Abschaffung.

Die Hauptschule hat – wiewohl sie in einigen deutschen Ländern abgeschafft wurde – deutschlandweit nach wie vor einen Schüleranteil von 25 Prozent, in den vier größten deutschen Ländern 26 bis 36 Prozent. Wer eine solche Schule als Restschule bezeichnet, stigmatisiert ungerechterweise Jugendliche und deren engagierte Lehrer. Manche deutsche Partei, die sich als Volkspartei versteht, rangiert bei Wahlen unter 30 Prozent, ohne sich das Etikett der Restpartei gefallen lassen zu müssen.

Mit der Abschaffung der Hauptschule sind die Hauptschüler mit ihren spezifischen Fähigkeiten und Förderansprüchen nicht abgeschafft. Mit einer Umetikettierung ihrer Schüler ist auf Dauer niemandem geholfen. Trotz schwierigster sozialer Umstände und mit multi-ethnischer Schülerschaft leisten Hauptschulen über das Fachliche hinaus Enormes: bei der Vermittlung von Praktika, bei der Lehrstellensuche, im praktischen oder gestalterischen Bereich, beim Einüben von Strategien zum konstruktiven Lösen von Konflikten usw. In den deutschen Ländern, in denen die Hauptschule politisch gewollt ist, hat sie ein Leistungsniveau, das in anderen deutschen Ländern weder Gesamtschulen noch Realschulen erreichen.

Eine Zweigliedrigkeit des Schulwesens ohne Hauptschule ist ein Irrweg. Sie ist ein weiterer Schritt in Richtung einer völligen, aber unsinnigen „Vereinheitlichung" des Schulwesens.

Die von der CDU seit Sommer 2011 propagierte sogenannte Oberschule als Zusammenlegung von Haupt- und Realschule wird keineswegs den Belangen und den Bedürfnissen der bisherigen Hauptschüler gerecht. Mit der Abschaffung der Hauptschule wird kein schulpolitisches oder schulpädagogisches Problem gelöst, es wird nur umetikettiert. Die Klientel der Hauptschule ist besonders heterogen und herausfordernd und bedarf deshalb einer besonderen Aufmerksamkeit und Zuwendung, die eine moderne und verbesserte Hauptschule mit guten, engagierten Lehrern am besten leisten kann. Mit der Zusammenlegung ist diese Schülerschaft nicht verschwunden oder wie durch ein Wunder plötzlich auf dem Arbeitsmarkt besser vermittelbar. Es wird dadurch nicht eine einzige Lehrstelle oder ein Arbeitsplatz zusätzlich geschaffen.

Etwas gewöhnungsbedürftig mutet auch an, daß die CDU das sächsische Schulwesen zum bundesweiten Modell erklärt. Da scheint etwas Legendenbildung im Spiel. Gewiß hat Sachsen bei Schulleistungstests oft gut abgeschnitten. Zum einen aber gilt das nicht für die Fremdsprachenkenntnisse sächsischer Schüler. Zum zweiten liegen Sachsens Schulen mit rund fünf Prozent Migrantenanteil weit unter den 20 bis 35 Prozent Migrantenanteilen westdeutscher Flächenländer. Und zum dritten hat Sachsen mit einer Mindestnote von 2,0 im Grundschulzeugnis die strengsten Vorgaben beim Übertritt an ein Gymnasium. Vor diesem Hintergrund mag die sächsische Mittelschule ja gut funktionieren. Ihre Rahmenbedingungen lassen sich aber nicht auf westdeutsche Länder übertragen.

Die Alternative zur Hauptschule kann insgesamt nur eine verbesserte Hauptschule sein, die in sich noch mehr differenziert und fördert und deren Absolventen von einer hoffentlich verantwortungsbewußten Wirtschaft angenommen werden.

10. Der Mensch beginnt nicht erst mit dem Abitur.

In den letzten Jahrzehnten hat uns ein „Abiturswahn" ergriffen. Wenn der Mensch aber erst mit dem Abitur beginnt, verspielen wir die Vorzüge unseres beruflichen Bildungswesens. Damit gefährden wir den Mittelstand und in der Folge das Rückgrat unserer Volkswirtschaft.

Die immer wieder berichteten Quoten an Studierberechtigten und Akademikern sind international nicht vergleichbar. Vielmehr sollte zu denken geben, daß Länder mit höchsten Abiturienten-Quoten teilweise zugleich die höchsten Quoten arbeitsloser Jugendlicher haben. Man darf außerdem annehmen, daß das, was andere Länder als „Abitur" oder als „Studium" deklarieren, bei uns nicht einmal einer Fachschulausbildung entspräche. Die Akademiker-Quoten sind international nicht vergleichbar, in Finnland und in den USA sind auch Krankenschwestern und Kindergartenerzieherinnen „Akademikerinnen". In Großbritannien etwa hat eine Friseurin einen Bachelor-Abschluß. Im übrigen gilt: Bei der Abiturientenquote verhalten sich Quantität und Qualität reziprok. Ein Abitur „light" ist noch lange kein Attest für Studierfähigkeit. Man könnte auch sagen: Wenn alle Abitur haben, dann hat keiner mehr Abitur. Eine „Verhochschulung" unserer Gesellschaft wird der Forderung nach Höherqualifizierung jedenfalls nicht gerecht. Auch in Zukunft werden zwei Drittel der jungen Menschen über die berufliche Bildung den Einstieg in einen Beruf finden. Diese jungen Menschen dürfen nicht als Außenseiter betrachtet und bildungspolitisch vernachlässigt werden. Interessant ist zudem: Dort wo man in Europa die niedrigsten Abiturienten-Quoten hat, hat man zugleich die besten Wirtschaftsdaten; nämlich in Österreich, in der Schweiz sowie in Baden-Württemberg und Bayern. Außerdem sollte man berücksichtigen: Die Steigerung der Quote der Studierberechtigten binnen 40 Jahren von sechs auf über 40 Prozent hat die deutsche Wirtschaft keineswegs auf das Siebenfache verbessert.

Wir sollten uns vor lauter Schielen auf die Abiturientenquote hüten, die Vorzüge unseres beruflichen Bildungswesens zu verspielen. Unser berufliches Bildungswesen ist für Millionen junger Menschen Basis für Aufstieg und Beschäftigung. Und auch in Zukunft wird der Großteil der jungen Menschen über die berufliche Bildung den Einstieg in einen Beruf finden. In der öffentlichen Debatte wird aber permanent verdrängt, daß Deutschland ein sehr leistungsfähiges Berufsbildungssystem hat – und zwar bestehend aus dem dualen System mit seiner Kooperation von Berufsschule plus Betrieb sowie aus zahlreichen Formen vollschulischer Berufsbildung. International ist dieses System unumstritten, ja sogar hochangesehen.

Dabei wären viele Länder - nicht nur der zweiten und dritten Welt - froh, über Vergleichbares zu verfügen. Dementsprechend reisen seit Jahren Amerikaner, Japaner, Chinesen und andere durch die berufsbildenden Schulen und Ausbildungsstätten zwischen Flensburg und Garmisch.

Daß die Quote arbeitsloser junger Menschen weltweit fast nirgends so niedrig ist wie in Deutschland, hat mit den Strukturen beruflicher Bildung hier zu tun. Zwar sind auch acht Prozent junge Leute in Deutschland ohne Job, immer noch acht Prozent zu viel, aber selbst Länder, die bei PISA weit vor Deutschland liegen, zählen zwanzig und mehr Prozent arbeitslose junge Menschen.

Gemessen an diesen Fakten, steht die Bildungspolitik in Deutschland jedoch kopf – ja sie ist auf Verkopfung fixiert. Georg Picht feiert offenbar seine Wiedergeburt mit seinem 1963 ausgesprochenen Diktum: „Wir brauchen mehr Abiturienten, auch wenn wir sie nicht brauchen."Wie auch immer die Ignoranz der Politik, der Öffentlichkeit und der Wissenschaft gegenüber Fragen der beruflichen Bildung herzuleiten ist. Ein gewaltiger Handlungsbedarf hat sich hier aufgestaut, und die Probleme stellen sich in einer solchen Brisanz dar, daß ernsthaft am Fortbestand des Qualitätsanspruchs der beruflichen Bildung in Deutschland gezweifelt werden darf. Vor allem ist die Herstellung einer echten Parität der beiden Ausbildungspartner Betrieb und Schule angezeigt.

11. Unser Schulsystem wird einem unsinnigen Beschleunigungswahn ausgesetzt.

Typisches Beispiel für eine verkorkste „Reform" ist das acht-jährige Gymnasium (G8). Bildung braucht Zeit. Man kann intellektuelle, körperliche und soziale Reifung nicht beliebig beschleunigen. In Afrika sagt man: Das Gras wächst nicht schneller, wenn man an ihm zieht. Dieses Bild gilt auch für das Heranreifen junger Menschen. Immer noch früher ein-schulen und das Gymnasium immer noch mehr beschleuni-gen ist Unsinn. Die in manchen deutschen Ländern reichlich verkorkste Einführung des achtjährigen Gymnasiums be-weist, daß bei solcher Beschleunigung viel auf der Strecke bleibt: neben der Persönlichkeitsbildung auch Schul- und Freizeitkultur.

Es ist zu befürchten, daß im Zuge des G8-Beschleunigungs-wahns das Gymnasium als bislang leistungsstärkste Schul-form der Welt unter die Räder kommt. In PISA etwa hatte die-ses Gymnasium mit Werten um die 600 Punkte innerdeutsch und international alles andere in den Schatten gestellt. Und auch in Sachen Schulkultur gibt es keine Bildungsinstitution, die mit Orchestern, Chören, Theatergruppen und anderem mehr vergleichbar Großartiges leistet.

Jetzt ist aus diesem Erfolgsmodell eine G8-Endlos-Baustelle geworden, auf der keiner mehr so recht weiß, woran er ei-gentlich baut. Die Unklarheiten mit den in fast jedem deut-schen Land mit aktueller G8-Implementation anstehenden doppelten Abiturjahrgängen belegen dies. Solche doppelten Abiturjahrgänge hatte man zwar von 2007 bis 2010 bereits in Sachsen-Anhalt, Mecklenburg-Vorpommern, im Saarland und in Hamburg. Aber diese vier Länder fielen quantitativ zu wenig ins Gewicht, als daß daraus eine große Debatte geworden wäre.

Seit dem Jahr 2011 ist das anders. Jetzt nämlich hatten das hinsichtlich seiner Bevölkerung zweitgrößte Land Bayern und das viertgrößte Land Niedersachsen ihre doppelten Abiturjahrgänge. Im Jahr 2012 werden doppelte Abiturjahrgänge übrigens in Baden-Württemberg, Berlin, Brandenburg und Bremen, im Jahr 2013 dann in Nordrhein-Westfalen und Hessen folgen.

Diese Umstände stellen gewaltige Herausforderungen an die Kapazitäten der Hochschulen dar. Vor allem aber provozieren die jeweils doppelten Jahrgänge die Frage, inwieweit der jeweils letzte G9- und der erste G8-Jahrgang nicht nur hinsichtlich der Noten, sondern auch hinsichtlich der hinter der Note stehenden Leistung vergleichbar sind. Das Beispiel Bayern nämlich zeigt, daß die Noten der G8-Absolventen signifikant besser ausfielen als die Noten der letzten G9 - und aller vorausgehenden G9-Jahrgänge: Die G8-Durchschnittsnote landete bei 2,27; außerdem gab es 40 Prozent mehr „Einser"-Abiturienten.

Das ist allein schon mit Blick auf Zehntelnoten, die bei Bewerbungen um Studienplätze entscheiden, fragwürdig, zumal man wohl feststellen muß: Die G8er sind nicht besser, aber sie schneiden besser ab; und die G9er sind nicht schlechter, im Gegenteil: sie sind persönlich eindeutig reifer, aber sie schneiden schlechter ab.

Wenn sich die Noten der Abiturzeugnisse freilich im Schnitt weiter in Richtung 2,0 bewegen, dann werden die Hochschulen ihr bislang eher virtuelles Steckenpferd endgültig auspacken und das Abitur durch ein „Aditur", also eine Zugangsprüfung, ersetzen. Was Ausweis von Studierreife sein soll, droht dann durch punktuelle, weniger valide Zugangstests der Hochschulen oder der Arbeitgeber ersetzt zu werden.

12. Ganztagsschule ist der Halbtagsschule hinsichtlich der Schulleistung in keiner Weise überlegen.

Ganztagsangebote werden in Deutschland von nur rund einem Achtel der Schüler genutzt. Gleichwohl scheint diese Form der Schulorganisation nach Jahrzehnten schulpolitischer Grabenkämpfe etwas zu sein, was unisono alle wollen: Parteien, Wirtschaftsverbände, Gewerkschaften, Eltern, Erziehungswissenschaftler und so weiter. Arbeitgeber versprechen sich davon die Rekrutierung hochqualifizierter - weiblicher - Arbeitskräfte, die ohne schulischen Ganztagsbetrieb eine Familienpause einlegen würden. Schulforscher prophezeien eine Senkung der Abbrecher- und Versagerquoten. Alle wiederum erwarten von der Ganztagsschule einen Beitrag zur Steigerung der Fertilitätsrate in Deutschland, ist die Kinderzahl pro Frau hier doch auf rund 1,3 abgestürzt.

Bei so viel Vision tut etwas mehr Realismus not – in der nationalen wie auch in der internationalen Betrachtung. Der oft bemühte Vergleich mit den Ganztagsschulstrukturen des Auslandes kann jedenfalls nur bedingt in die Diskussion einbezogen werden. Vor allem ist zu berücksichtigen, daß die in Deutschland seit Hunderten von Jahren übliche Halbtagsschule außerschulisch einhergeht mit einem Spektrum an Vereins- und Jugendarbeit, wie es in anderen Staaten so breit nicht existiert. Außerdem zeigt PISA, daß es leistungsfähige Schulsysteme mit Ganztagsschule und ohne Ganztagsschule gibt.

Überhaupt wird schulischer Ganztagsbetrieb in seiner Wirksamkeit weit überschätzt. Ein Elternhaus, das Verläßlichkeit und über die Familie hinaus Vielfalt in der Begegnung mit Mensch, Natur und Kultur bietet, ist gewiß die ideale Lösung. Ganztagsbetreuung und Ganztagsschule schränken das Spektrum kindlicher Erfahrungen ein. Damit geraten die sehr vielfältigen Möglichkeiten der Jugendarbeit an den Rand, nämlich die Angebote etwa der Sportvereine, der kirchlichen Jugendgruppen, der Musikschulen. Kurz: Es muß auch ein Leben außerhalb der Schule geben. Nur Schule oder gar Schule total – das wäre eine drastische Verarmung der Entwicklungschancen unserer Kinder. Und als Staatsbürger sollte man etwas gegen eine weitere Verstaatlichung der Erziehung haben.

13. Politiker müssen wieder die volle Verantwortung für ihre Schulreformen übernehmen.

Die Vision einer „autonomen" Schule entstand Anfang/Mitte der 90er Jahre. Geht es nach den idealtypischen Vorstellungen, dann wird den Schulen ein Bündel an „autonomen" Zielen verordnet: „individuelle" Profilbildung durch ein eigenes „Schulprogramm"; „offene" Schule; Freigabe der Stundentafeln, des 45-Minuten-Taktes und der Lehrpläne; globale Mittelzuweisung; Anwerben und Einstellen von Lehr- und Verwaltungspersonal durch die Schule selbst; Akquisition von Drittmitteln durch die Schulen; paritätisch und teilweise „extern" besetzte Schulgremien usw.

In Zeiten allgemeinen öffentlichen Sparens ist allerdings Mißtrauen angebracht, wenn der Staat den Schulen mehr Personal- und Finanzhoheit zugestehen will. Eine Budgetierung von Unterrichtsstunden kann der schulischen Profilbildung dienen; in der Praxis erweist sie sich jedoch als problematisch. Beispiele praktizierter Budgetierung zeigen, daß es sich dabei um Ablenkungsmanöver handelt, durch die die Mängelverwaltung den Schulen überantwortet wird, durch die zugleich Politik und Staat selbst aus der Kritik kommen (wollen). Ist die Grundversorgung aber zu eng bemessen, führt eine Personal- bzw. Finanzhoheit der Schulen zu Konflikten bei der Verwendung der verfügbaren, eingeschränkten Mittel für Personal und Sachausstattung. Null-Summen-Spiele sind das Ergebnis. Es würden schließlich vor allem bei Eltern Hoffnungen geweckt, daß die Einzelschule jetzt alles „machen" und jedes mögliche Bildungsangebot einrichten könne, wenn sie nur wolle. Das provoziert Enttäuschungen. Im Extrem würden Schulen einer Selbstausbeutung ausgeliefert, wenn sie dennoch versuchten, zusätzliche Bildungsangebote aus einem ohnehin überlasteten Lehrkörper „herauszupressen".

„Autonome" Schule wirft zudem grundsätzliche rechtliche Fragen auf. Denn: Freiheit von oder zu etwas impliziert ein Verpflichtetsein gegenüber demokratisch vorgegebenen Rahmenbestimmungen, insbesondere gegenüber der Fundamentalnorm des Grundgesetzartikels 7, Absatz 1 („Das gesamte Schulwesen steht unter der Aufsicht des Staates.") sowie gegenüber den Bildungszielen der Landesverfassungen. Nach dem Wesentlichkeitsprinzip stehen die maßgeblichen strukturellen und inhaltlichen Vorgaben der Schule unter dem Parlaments- und Gesetzesvorbehalt. Insofern ist schulischer Freiraum immer nur relative Freiheit. Dieses Prinzip hat seinen Grund: Schule muß dem Grundsatz der Gleichbehandlung vor dem Gesetz und dem Grundsatz der Einheitlichkeit der Lebensverhältnisse gerecht werden.

Eine „autonome" Schule mit einer weitreichenden Kompetenzausstattung gemischter bzw. paritätisch besetzter Schulgremien oder gar von Aufsichtsräten bedeutete, daß sich Schule außerhalb geltenden Rechts entwickelte. Eine Verlagerung von schulischen Kompetenzen auf Nicht-Lehrer führt gar zu einer Entprofessionalisierung schulischer Entscheidungen. Denn in einer „autonomen" Schule mit einem „Räte"-System würde über Hoheitsakte von Nichtbeamten (Eltern, minderjährigen Schülern, Schulfremde) mitverfügt.

Konkret provoziert eine „Autonomie" individueller Schulprofi-
le eine Atomisierung der Schullandschaft und damit ein ho-
hes Maß an Ungleichheit, denn „Autonomie" führt zu einem
Wildwuchs an „individuellen" Profilen und zu schulischem
Provinzialismus. Schließlich haben Schüler je nach Zugehö-
rigkeit zu einer Schule dann eine sehr unterschiedliche Vor-
bildung, weil sie sehr Unterschiedliches gelernt haben.

Demgegenüber müssen Schüler und Eltern Gewißheit über
die schulischen Inhalte und Anforderungen haben. Bei ausgeprägter Uneinheitlichkeit der vermittelten Lerninhalte und
der Leistungsbewertung besteht zudem die Gefahr, daß die
Abnehmer der Schulabgänger deren schulische Qualifikation
kaum noch einschätzen können. Folge davon wäre, daß sich
zur Bewerberauswahl eigene Eignungs- und Eingangstests
etablierten. Ein solcher Wandel aber entwertet die schulischen Zeugnisse.

14. Das öffentliche Schulwesen und die Schulpflicht gehören zu den Vorzügen des deutschen Bildungswesens.

Unermüdlich wird über Privatschulen behauptet, sie würden bei PISA besser dastehen als öffentliche. Für manche Länder trifft dies zu, etwa für die Vereinigten Staaten, für Großbritannien oder für Frankreich. Dort schneiden Privatschulen traditionell bei allen Leistungstests eindeutig besser ab als staatliche. Von den zweihundert englischen Schulen beispielsweise, die die Spitze im jährlich im Times Educational Supplement veröffentlichten Schul-„Ranking" bilden, kommen neunzig Prozent aus dem privaten Schulsektor. Verwundern muß dieses Leistungsgefälle nicht, findet an diesen Privatschulen doch eindeutig eine soziale Auswahl der Schülerschaft statt. Die öffentlichen Schulen dagegen müssen bei obendrein sparsamerer Personal- und Sachausstattung mit der heterogeneren, schwierigeren Schülerschaft arbeiten.

Für Deutschland stellt sich dies anders dar. Zwar steigt auch in Deutschland die Zahl der Schüler, die private Gymnasien und Realschulen besuchen. Zuletzt erhöhte sich hier der Privatschüleranteil von 1992 bis 2009 an den Realschulen von 7 auf 8 und an den Gymnasien von 9,8 auf 11,5 Prozent. Manche Interpreten führen diese Steigerungsraten auf die angeblich besseren Leistungsergebnisse, auch die angeblich besseren PISA-Ergebnisse dieser Schulen zurück. Statt dessen gilt: Zwischen privaten und staatlichen Gymnasien gibt es in Deutschland überhaupt keine Leistungsunterschiede.

Manfred Weiß, Bildungsforscher am Deutschen Institut für Internationale Pädagogische Forschung (DIPF) in Frankfurt/ Main ist einer der besten Kenner des Privatschulwesens in Deutschland. Bereits mit Blick auf die wenigen vor PISA 2000 vorliegenden Studien zur Frage der Leistungsunterschiede zwischen öffentlichen und privaten Schulen stellte Weiß fest: „Festzuhalten bleibt, daß die - in der Öffentlichkeit verbreitete – These einer generellen und bedeutsamen Leistungsüberlegenheit privater Schule keine Bestätigung findet." Wenn PISA für die 36 an PISA 2000 beteiligten deutschen Privatschulen vereinzelt Leistungsvorteile ausweisen, dann ist dies ein statistisches Artefakt. Denn unter diesen 36 Schulen sind 14 Realschulen und 18 Gymnasien, aber nur je zwei Hauptschulen und Schulen mit mehreren Bildungsgängen. Das heißt: Die leistungsstärkeren Schulformen sind hier eindeutig überrepräsentiert. Es kommt hinzu: Unter den 14 einbezogenen privaten Realschulen sind fünf sehr leistungsstarke reine Mädchen-Realschulen. Da Mädchen in PISA 2000 mit Schwerpunkt Lesen insgesamt erheblich besser abgeschnitten haben als Jungen, ist dieser Vorsprung kein Vorsprung von Privatschulen, sondern ein geschlechtspezifischer. Bei den privaten Gymnasien sind nicht einmal solche Vorsprünge beobachtbar, in einzelnen Leistungsbereichen (z.B. Mathematik) liegen die Privatgymnasien sogar wenngleich nicht signifikant - hinter den öffentlichen.

Festzuhalten ist vor dem Hintergrund einer Debatte um eine weitere Privatisierung von Schule, ja gar um ein sogenanntes Homeschooling, daß die Einführung der Schulpflicht in Deutschland vor - je nach Teilstaat - 200 bis 300 Jahren eine große sozialpolitische Errungenschaft ist und bleibt. Damit wird allen sozialen Schichten eine halbwegs solide und breite

Bildung ermöglicht, und zwar unabhängig vom Bildungsstand und vom Geldbeutel der Eltern. Die Einführung der Schulpflicht war ansonsten auch eine Maßnahme zum Schutz der Kinder vor Ausbeutung durch Kinderarbeit. Deshalb übrigens fand die Schulpflicht ja in breiten Kreisen der Bevölkerung lange keinerlei Gefallen.

Tatsache ist: Es handelt sich bei den Schulpflichtregelungen der 16 deutschen Länder um Gesetze, die demokratisch und rechtsstaatlich zustande gekommen sind. Der Staat wacht über die Erfüllung dieser Schulpflicht. Wer einen mittleren Schulabschluß erreicht, der hat die Schulpflicht mit zehn Schuljahren erfüllt, wer (noch) keinen mittleren Schulabschluß vorweisen kann, der unterliegt einer - inklusive Berufsschulpflicht - zwölfjährigen Schulpflicht. Die Bürger- und Menschenrechte werden durch eine solche Pflicht keineswegs verletzt. Im Gegenteil: Erst durch umfassende und solide Bildung wird man zum mündigen Bürger.

Was das Homeschooling betrifft, so sind die USA auch in dieser Hinsicht ein Land der unbegrenzten Möglichkeiten. Bekannt ist aber auch, daß das Homeschooling in den USA zum Spielfeld fundamentalistischer und sektiererischer Eltern geworden ist. Eine der führenden Gruppen sind die Kreationisten, die nicht wollen, daß ihre Kinder in der Schule mit der Lehre der Evolution konfrontiert werden.

Tatsache freilich ist: Kein Elternpaar kann seinen Kindern mitgeben, was Schule mitgeben kann. Nicht einmal ein Vater und eine Mutter, die beide für ein gymnasiales Lehramt ausgebildet sind, könnten ihre Kinder in allen Fächern zum Abitur führen. Vor allem aber wird „Homeschoolern" die ganze Bandbreite schulischen sozialen Lernens und schulischer Kultur vorenthalten. Solche Kinder erleben nicht, was ein Skikurs, eine Studienfahrt zusammen mit einer ganzen Klasse oder was eine gemeinsame Theateraufführung, ein sportlicher Wettstreit mit anderen bedeuten. Sie erfahren nie, was es heißt, sich mit einer Gruppe heterogen zusammengemixter Alterskameraden zu einem schulischen Projektauftrag zusammenraufen zu müssen. Es mutet dies alles ein wenig wie Abschottung und - wären die Homeschooler alle reich – wie ein selbstgewähltes Beverly-Hills-Reservat an. Christlich-fundamentalistische Argumente für Homeschooling können da nicht als Ausflucht dienen. Schließlich haben wir in Deutschland eine reich differenzierte Landschaft an Schulen in kirchlicher Trägerschaft. Es sind dies Hunderte von Schulen, vor allem Realschulen und Gymnasien, die ihren Auftrag christlich prägender Bildung ernst nehmen.

Im übrigen darf man nicht übersehen, welche Folgen die Zulassung von Homeschooling gerade in Populationen mit Migrationshintergrund hätte. Es wäre dann zu befürchten, daß hier in Teilen noch mehr Abstinenz gegenüber solider schulischer Bildung praktiziert würde. Der Weg in Parallelgesellschaften wäre – gerade für muslimische Mädchen – weiter geebnet.

15. Die Reformpädagogik bedarf dringend einer Entzauberung.

Nicht erst seit den nach Jahrzehnten und erst 2010 bekannt gewordenen Fällen von Kindesmißbrauch in der Odenwaldschule hätte eine kritische Betrachtung der Reformpädagogik einsetzen sollen. Lange genug waren Historie und ihre avantgardistischen Visionen der Reformpädagogik unreflektiert hingenommen worden. Aus Reformpädagogik war etwas Sakrosanktes geworden. Es galt zudem die Legende, daß alles, was an Neuerungen in der Pädagogik implementiert wurde, von der Reformpädagogik mit ihrem Einheitsschulgedanken und mit ihrem Ziel ganzheitlicher, ja totaler Erziehung ausgegangen sei. Dabei ist die zwischen 1900 und 1920 als Gegenbild zur staatlichen Buch- und Lernschule inszenierte Reformpädagogik selbst der Anachronismus, als dessen Überwindung sie sich ausgibt. Schließlich leitet sich Reformpädagogik immer noch von Defizitbeschreibungen der Bildung des ausgehenden 19. Jahrhunderts her - Beschreibungen, die damals teilweise gelten konnten, nicht aber für das 21. Jahrhundert gelten können. Um diejenige Klientel, die die Risikoschülerschaft ausmacht, hat sich Reformpädagogik freilich selten gekümmert. Allein deshalb war und ist sie alles andere als zeitgemäß.

Gleichwohl gibt es die Reformpädagogik schlechthin nicht. Es gehören zu ihr unter anderem:
Maria Montessori (1870 - 1952) mit ihrer Casa dei bambini; Rudolf Steiner (1861 - 1925) mit seiner Waldorfschule; Peter Petersen (1884 - 1952) mit seiner Jenaplan-Schule; Hermann Lietz (1868 - 1919) mit seiner Landerziehungs-

heim-Bewegung bzw. deren Sezessionen, etwa der Oden-waldschule; Célestin Freinet (1896 - 1966) mit der Freiar-beit. Die Reformpädagogik bietet damit und mit anderen Varianten ein vielfältiges Bild, das von völkisch bis sozialis-tisch, von individualistisch bis kollektivistisch, von metaphy-sisch bis rationalistisch reicht.

Die Verirrungen reformpädagogischer „Meister" – nicht sel-ten studierter, später abgefallener Theologen – werden bis heute kaum aufgearbeitet. Gerne aber waren Reformpäda-gogen politische Opportunisten: Peter Petersen war bekannt wegen seiner Nähe zum Nationalsozialismus; Maria Montes-sori, Ehrenmitglied der Faschisten, hatte die Nähe zu Mus-solini gesucht; Hermann Lietz äußerte sich 1919 in seiner Schrift „Des Vaterlandes Not und Hoffnung" antisemitisch.

Trotzdem vermochten diese Schulgründer über ihren Tod hinaus selbst in einem Land, dessen Staatsräson für viele der Antifaschismus zu sein scheint, gläubige Gemeinden zu formieren. Der Grund für diese Wirkung ist wohl ihr Credo einer „Erziehung vom Kinde" aus. Berufen konnte sich die Reformpädagogik auf die Schwedin Ellen Key, die 1900 das Jahrhundert des Kindes ausgerufen hatte. Vergessen freilich schien damals schon Keys „neue Ethik" auf rassenhygieni-scher Grundlage sowie ihr Werben für ein entsprechendes Paarungsverhalten. Und noch weiter zurückgreifend, rekur-rierten die Reformer auf Jean-Jacques Rousseau mit seiner quasi-religiösen Verklärung der Natur und seiner Proklama-tion des „edlen Wilden", der durch die Kultur, zum Beispiel durch Bücher, verbildet werde. Damit war der Grundstein ge-legt für anti-autoritäre Erziehung. Hiermit sowie mit Rückgriff auf Platons „pädagogischen Eros" war die Basis geschaffen für eine Entgrenzung des Verhältnisses zwischen Pädagogen und Zöglingen, die sich etwa in Landerziehungsheimen bald duzten, für die Nacktgymnastik Alltag wurde und die unter einem Odenwald-Schulleiter in den 80er und 90er Jahren Duschorgien feierten.

Eine besondere Stellung innerhalb der Reformpädagogik nehmen die zweihundert deutschen Waldorfschulen ein. Deren Vorbild ist die 1919 vom Zigarettenindustriellen Emil Molt gegründete und von Rudolf Steiner geleitete Ur-Waldorfschule. Gemeinhin gilt hier als anthroposophisches Bekenntnis: Waldorfschulen sind gut, denn sie sind Schulen ohne Noten, ohne Sitzenbleiben, ohne Stundentakt; Schulen der Ganzheitlichkeit, der Kindgemäßheit, der Eurhythmie. Blickt man allerdings hinter die Fassaden, kann man resümieren, daß mit Steinerscher Terminologie heutzutage keine Schule mehr zu machen ist mit Reinkarnation, Karma, Gnosis, Kosmogonie, Astral-Leib, okkulten Wahrheiten und ätherischer Welt usw. Höchst bedenklich auch Steiners Rassenkunde: Er katalogisiert die Rassen nämlich in Schwarze mit „Hinterhirn" und „Triebleben", in Gelbe mit „Mittelhirn" und „Gefühlsleben" sowie in Weiße mit „Vorderhirn" und „Denkleben". Gemäß Steiner ist die Rassengliederung übrigens von den Atlantis-Mysterienführern ins Werk gesetzt. Vor solchen Hintergründen wäre es eigentlich an der Zeit, daß sich Waldorfschulen, die immer noch Steiner-Schulen heißen, ihres Namens entledigten.

16. Die Debatte um Bildungsgerechtigkeit ist nichts anderes als der sozialromantisch kaschierte Versuch, über die Schule Gleichmacherei zu betreiben.

Dabei sind die Möglichkeiten des sozialen Aufstiegs mittels Bildung in Deutschland so gut wie kaum in einem anderen Land der Welt. Wir haben inklusive der Berufsschulpflicht eine zwölfjährige Schulpflicht, das ist eine große soziale Errungenschaft. Wir haben an die fünfzig verschiedene Wege zu einer Hochschulreife. Je nach Bundesland erwerben zwischen 40 und 50 Prozent der Studierberechtigten ihren Hochschulzugang, ohne jemals ein Gymnasium besucht zu haben. Nutznießer dieser Vielfalt an Wegen sind vor allem Kinder aus sogenannten bildungsfernen Schichten. Da PISA nur Fünfzehnjährige testet, werden diese Wege der vertikalen Durchlässigkeit mit PISA nicht erfaßt. Wenn gesagt wird, daß die Bildungssysteme anderer Staaten sozial durchlässiger seien als das deutsche System, dann ist das eine Legendenbildung. Schließlich haben diese Staaten oft höchste Quoten arbeitsloser Jugendlicher (in Finnland über 20 Prozent, in Deutschland unter 10 Prozent).

Gewiß müssen Bildung und Bildungspolitik gerecht sein. Gerecht heißt aber nicht gleich! Der Zusammenhang von Schulleistung und sozialer Herkunft ist ansonsten weltweit keine neue Erkenntnis. Sie kann aber nicht der Grund sein, daß „progressive" Bildungspolitiker gebetsmühlenhaft die Forderung nach einem - angeblich gerechten - gleichmacherischen Bildungswesen erheben. Das geschieht aber, und deshalb droht aus der Gerechtigkeitsrhetorik eine Rhetorik des Klassenkampfes zu werden: Das gegliederte Schulwesen diene dem Zweck, eine ständische Gesellschaft zu erhalten. Und: Die „obere Dienstklasse" habe Angst vor einer nivellierenden Masse und lege deshalb Wert auf Exklusivität.

Überhaupt scheint sich „Bildungsgerechtigkeit" zu einem Trojanischen Pferd der Schulpolitik zu entwickeln. Am Ende läuft es auf den Kernsatz der Egalisierer hinaus: Was nicht alle können, darf offenbar keiner können; was nicht alle sind, darf vermutlich keiner sein; was nicht alle haben, darf anscheinend keiner haben. Diejenigen, die solche Denk- und Urteilsmuster propagieren, kommen gerne daher im Mäntelchen der Gerechtigkeit und der moralischen Höherwertigkeit. Tatsächlich aber gilt für die ein böser Spruch von Helmut Qualtinger: Die moralische Entrüstung ist der Heiligenschein der Scheinheiligen.

Gegen das Gerede von der Ungerechtigkeit unseres Schulsystems steht erstens: Wir hatten in den vergangenen drei Jahrzehnten durch zahlreiche Schul- und Hochschulgründungen vielerlei positive Effekte, die gerade bildungsfernen Schichten zugute kamen. Es gibt heute in Deutschland rund 50 verschiedene Wege zu einer Studierberechtigung (was manchmal etwas anderes ist als Studierbefähigung). Gegen das Gerede von der Ungerechtigkeit des deutschen Schulwesens steht zweitens: Es war das gegliederte Schulwesen, das die Abiturientenquote binnen 30 Jahren mehr als verfünffacht hat.

Natürlich sollen alle Kinder gleiche Startchancen haben. Aber Chancen sind Chancen, jedoch keine Vollkasko-Garantien, zu Erfolgsaussichten können sie erst durch eigene Anstrengung werden. Gerade auch beim Bildungserfolg kommt es auf gelebte Eigenverantwortung an. Der Staat hat dabei eine Bringschuld, das heißt, er muß ein möglichst leistungsfähiges und differenziertes Bildungswesen vorhalten, die Adressaten haben aber auch eine Holschuld. Wer die Chancen nicht nutzt, der kann sich nicht auf die angebliche Selektivität des Systems berufen, sondern er praktiziert Selbstselektion.

17. Das deutsche Bildungswesen bietet eine ausgeprägte soziale Durchlässigkeit.

Hinsichtlich Durchlässigkeit sind zwei Aspekte voneinander zu unterscheiden: die horizontale und die vertikale Durchlässigkeit. Horizontale Durchlässigkeit ist gegeben, wenn Schüler in den Jahrgangsstufen 5 bis 10 zwischen verschiedenen Schulformen wechseln können. Vertikale Durchlässigkeit ist gegeben, wenn jeder Schulabschluß zugleich einen Anschluß an weiterführende Bildung im Oberstufen- und im beruflichen Bildungsbereich darstellt. Die horizontale Durchlässigkeit hat ihre Grenzen freilich dort, wo es um den Erhalt der eigenständigen Profile der Schulformen geht. Unbegrenzte horizontale Durchlässigkeit nämlich würde eine völlige Einebnung der Schulformprofile voraussetzen.

Die stets von OECD, SPD, LINKE/PDS, GRÜNEN und Gewerkschaften behauptete soziale Ungleichheit des deutschen Bildungswesens ist ansonsten ein PISA-Artefakt. Man kann soziale Ungleichheit bzw. Gleichheit nämlich nicht mit PISA messen, weil PISA Fünfzehnjährige testet und damit weggedrückt wird, daß rund die Hälfte der später Studierberechtigten kein Gymnasium besucht hat.

Eine Langzeitstudie von Prof. Dr. Helmut Fend (Universität Zürich und Universität Konstanz) hat zudem 2008 nachgewiesen: Der Besuch einer Gesamtschule schafft keineswegs verbesserte soziale Aufstiegsmöglichkeiten. Basis dieser Untersuchung mit dem Titel „LiFE = Lebensverläufe Kindheit ins frühe Erwachsenenalter" war die Analyse der Lebensläufe von 1527 Personen vom 12. bis zum 35. Lebensjahr im

Großraum Frankfurt. Diese hatten in den 80er Jahren entweder eine Schule des gegliederten Schulwesens, eine Förderstufe oder eine Gesamtschule besucht. Zentrales Ergebnis der LiFE-Studie ist: Die soziale Selektivität bei den verschiedenen Stufen des Bildungs- und Berufsweges wird weder durch Förderstufen noch durch Gesamtschulen reduziert, wiewohl diese Schulformen diesen Anspruch seit Jahrzehnten erheben. In der ELEMENT-Studie 2008 (Prof. Dr. Rainer H. Lehmann, Humboldt-Universität Berlin) heißt es hinsichtlich sozialer Durchlässigkeit einer vierjährigen versus sechsjährigen Grundschule: „Die ELEMENT-Studie hat keine Anzeichen dafür geliefert, daß der gemeinsame Unterricht in den Klassenstufen 5 und 6 soziale Disparitäten abschwächt."

18. Die Integration von Migrantenkindern ins Bildungswesen ist eine wichtige Zukunftsaufgabe.

In Deutschland leben 15 Millionen Menschen mit Migrationshintergrund, ihr Bevölkerungsanteil beträgt fast ein Fünftel. In den alten Ländern der Bundesrepublik ist der Migrantenanteil erheblich höher; hier erreicht er bis zu 30 Prozent, während er in den neuen Ländern rund drei Prozent ausmacht. In den alten Ländern stellen die größten Migrantenanteile Menschen aus der Türkei und den UdSSR-Nachfolgestaaten, unter den wenigen Migranten in den neuen Ländern Polen, Vietnamesen und Schwarzafrikaner. Diese Bevölkerungsstruktur geht einher mit markanten bildungsökonomischen Merkmalen: Zum Beispiel erreichen von allen deutschen Schülern 7 Prozent keinen Schulabschluß, unter Türkischstämmigen sind es 30 Prozent. Weniger als 10 Prozent der jungen Leute mit Migrationshintergrund erwerben eine Hochschulreife, unter deutschen sind es gut 40 Prozent. Die Ausbildungsquote unter jungen Leuten mit Migrationshintergrund ist auf 24 Prozent gesunken. Mitte der 1990er Jahre war die Quote nicht berauschend, aber immerhin bei 34 Prozent.

Dies spiegelt sich auch in PISA-Daten wider: Hier hinken Migranten um rund zwei schulische Lernjahre hinterher – Migranten der zweiten Generation sogar in noch höherem Maße als Migranten der ersten Generation. Während junge Türken und Italiener beim Besuch des Gymnasiums dreifach unterrepräsentiert und beim Besuch der Hauptschule dreifach überrepräsentiert sind, entspricht die Bildungsbeteiligung von Zuwanderern aus der Russischen

Föderation den Werten deutscher Schüler. Zuwanderer aus Vietnam (siehe neue Länder) und aus der Ukraine sind beim Besuch des Gymnasiums im Vergleich zu deutschen Schülern sogar überrepräsentiert. Faktum ist: Deutschland hat - wie Luxemburg, Dänemark und Österreich - durch die Zuwanderung eine „Unterschichtung" erfahren. Es handelt sich hier offenbar um eine Population, die bereits in ihren Herkunftsländern einen niedrigen Sozialstatus hatten. In den als Vorbild dargestellten Zuwanderungsländern Kanada, Australien und Neuseeland ist dies anders. Dort zeichnen sich Migranten durch einen Sozialstatus aus, wie er der einheimischen Bevölkerung entspricht. Der Grund dafür ist in der Migrationspolitik dieser Übersee-Länder zu sehen, die nur Zuwanderer ins Land nehmen, die sich aufgrund der mitgebrachten hohen Qualifikationen problemlos in den Arbeitsmarkt integrieren. Vor diesem Hintergrund fallen dort die Schul- und PISA-Leistungen der Zuwanderer kaum gegenüber denen der Einheimischen zurück.

Gewiß verläuft die schulische Integration von Migrantenkindern in Deutschland zu häufig erfolglos. Schule allein wird dieses Problem aber nicht lösen, denn dieses Problem hat mit drei Jahrzehnten einer oft problematischen Einwanderungspolitik zu tun. Letztere hat Fakten geschaffen, die die Möglichkeiten der Schulen überfordern. Nicht hilfreich, sogar integrationsfeindlich, sind auch die Äußerungen des türkischen Ministerpräsidenten Erdoğan, der Anfang Februar 2008 in der Köln-Arena 15.000 türkischen Landsleuten zugerufen und dies bei seinem Deutschlandbesuch Anfang November 2011 erneut betont hatte, Assimilation sei ein Verbrechen gegen die Menschlichkeit. Das wäre – zu Lasten der Migranten - der Weg in Parallelgesellschaften und - mit-geprägt durch den Konsum des türkischen Satellitenfernse-hens - der Weg in die Selbst-Ghettoisierung.

Das A und O der schulischen, beruflichen und gesellschaft-lichen Integration der Migranten in Deutschland ist das Be-herrschen der deutschen Sprache. Hier gibt es noch viel zu leisten. Notwendig ist aber auch eine Offensive für Bildungs- und Berufsberatung für junge Migranten und deren Familien. Noch immer sind viel zu wenig Migrantenfamilien wirklich gut über die Bildungschancen in Deutschland informiert. Migran-tenorganisationen und deren Zeitungen sollten hier durch-aus vorangehen.

19. PISA und Co. haben nichts wirklich Neues zutage gefördert. Man konnte alles schon vorher wissen, aber man hatte Angst vor der Wahrheit.

Dies gilt vor allem für das linke Spektrum der Bildungspolitik und der Bildungsforschung. Weil die PISA-Ergebnisse brisant werden könnten, intervenierten Leute aus diesem politischen Spektrum bereits vor der ersten PISA-Testung 2000, nämlich im August 1999, schon mal prophylaktisch. In einem Protestbrief an die SPD-Schulminister wetterte die „Arbeitsgemeinschaft für Bildung" (AfB) der SPD gegen PISA und gegen die SPD-regierten Länder, die es zuließen, mit einem innerdeutschen PISA-Vergleich „für ihre Schulpolitik an den Pranger gestellt zu werden". Man fürchte in der Folge, so wörtlich, „daß die SPD-Bildungspolitik der letzten dreißig Jahre zum Scheitern verurteilt werden soll." Und weiter: „Es ist ohne Test vorher zu sagen, daß Länder mit selektiven Schulsystemen, die den Schulstrukturreformen der letzten dreißig Jahre widerstanden haben, bessere Schülerleistungen in allen Schulformen haben werden." Die Gewerkschaft Erziehung und Wissenschaft (GEW) glaubte damals in einem Brief an dieselben Adressaten zu wissen: Solche innerdeutschen Vergleiche seien „unseriös und tendenziös", weil „Bundesländer mit hochselektiven Schulsystemen auf der Basis eines Schulformvergleichs besser abschneiden müssen"; die GEW wußte, daß dann den „reformorientierten Bundesländern die Revision ihrer bisherigen Schulpolitik nahegelegt würde" und daß „alles andere eine Sensation wäre". Reife Einsichten! Allerdings hätte man PISA nicht gebraucht, um ein ausgeprägtes innerdeutsches Süd-Nord-Gefälle bei der Schulleistung zu erkennen.

„Das" deutsche PISA-Ergebnis gibt es jedenfalls nicht, deshalb kann man nicht sagen, Deutschland habe gut oder mittelprächtig oder schlecht abgeschnitten. Sondern es gibt sechzehn deutsche Länderergebnisse. Diese innerdeutschen Schulleistungsvergleiche sind grundsätzlich ohnehin erheblich aussagekräftiger als internationale. Innerdeutsche Leistungsvergleiche dokumentieren bei Schülern im Alter von fünfzehn Jahren jedenfalls regelmäßig und konstant ein Leistungsgefälle von eineinhalb bis zwei Schuljahren. Dieses Gefälle ist weitaus brisanter als ein beliebiger Rangplatz Deutschlands auf internationalen Rangskalen.

Innerdeutsche Schulleistungsstudien bestätigen tendenziell immer wieder folgende Zusammenhänge: 1. Je differenzierter ein Schulwesen ist und je weniger Gesamtschulen ein deutsches Land hat, desto besser schneidet es ab. Dieses bessere Abschneiden kommt allen Schülerpopulationen zugute, auch Kindern aus sozial schwächeren Schichten oder mit Migrationshintergrund. 2. Wenn Abschlußprüfungen zum Erwerb des Mittleren Bildungsabschlusses verbindlich sind und wenn sie im betreffenden Land zentral durchgeführt werden, dann schneidet ein Land besser ab. 3. Je höher die Bildungsdichte ist, das heißt die Anzahl der Unterrichtsstunden pro Schullaufbahn, desto besser das Ergebnis eines Landes bei Leistungsstudien. 4. Je strenger und anspruchsvoller die Bedingungen beim Zugang zu weiterführenden Schulen sind, desto besser das Ergebnis eines Landes in allen Schulformen. 5. Länder, die in den vergangenen Jahrzehnten durchweg oder überwiegend von Unionsregierungen geführt wurden, schneiden aufgrund ihres ausgeprägten leistungs- und begabungsorientierten Verständnisses von Schulbildung durchwegs besser ab.

20. Mit PISA wird viel Schindluder getrieben; Finnland kann kein Vorbild sein.

Gerade Deutsche wollen immer die Besten sein. Wenn uns dies wie bei PISA nicht gelingt, dann wollen wir wenigstens die Spitze im Negativen sein. Und so rechnen wir unsere Testergebnisse so hin, daß wir wenigstens in Sack und Asche gehen können. Solche Testgläubigkeit ist in anderen Ländern der Welt nicht vorhanden. Dabei schaut es doch gar nicht so schlecht aus. Dänemark und Norwegen liegen deutlich hinter Deutschland. Selbst Schweden schneidet seit PISA 2006 deutlich schlechter ab als Deutschland. Zudem knirscht es im schwedischen Schulwesen gewaltig. Beklagt wird, daß viele Kinder in den Schulen intellektuell unterfordert sind; daß die Kernfächer zu kurz kommen; daß nur 70 Prozent der Gymnasiasten den Abschluß des Gymnasiums (= schwedische Oberstufe der Gesamtschule) erreichen; daß die Benotung zu spät einsetzt und das Leistungsprinzip vernachlässigt wurde; daß das Nebensächliche zentral wurde und Schulen im Kampf um Schüler mit Führerscheinkursen, Reisen, Mitgliedschaften in Sportstudios und dergleichen lockten; daß die berufliche Bildung (die bislang schulisch stattfand) zu wenig praxisbezogen ist. Nach einer Studie der Friedrich-Ebert-Stiftung aus dem Jahr 2007 verliert das „schwedische Erfolgsmodell" an Boden. (Titel der Studie: „Eine Schule für alle – verschläft das schwedische Erfolgsmodell seinen Innovationsvorsprung?")

Speziell zu Finnland ist festzuhalten: Finnische Schulen haben Umstände, die auf deutsche Verhältnisse nicht übertragbar sind. Zum einen hat Finnland eine ethnisch sehr homogene Bevölkerung, also keine Probleme mit der schulischen

Integration von Migrantenkindern: Mit Stand vom Juli 2003 hatten von den finnischen Schülern nur 1,2 Prozent Eltern, die beide im Ausland geboren sind. Zum anderen sind die Rahmenbedingungen für finnische Schulen optimal. Die durchschnittliche Klassenfrequenz liegt laut PISA 2003 bei 18,2 (in Deutschland bei 23,9). Ein herausragendes Merkmal des finnischen Systems ist sodann sein Fördersystem. Schwächere Schüler werden in Spezialkurse aufgenommen (etwa ein Sechstel der Schüler). Nicht vorbildhaft stehen die Finnen allerdings da, wenn es um die Zufriedenheit ihrer Schüler mit Schule geht. Die Weltgesundheitsorganisation WHO (World Health Organisation) hat dazu im Sommer 2004 die Studie „Health Behavior in School-aged Children" (HBSC-Study) veröffentlicht. In 35 Ländern Europas und Nordamerikas wurde unter anderem die Freude der 11 bis 15jährigen Schüler an der Schule erfragt. Ergebnis: Hier rangiert Finnland auf Platz 35, also dem letzten. Bekannt ist auch, daß Finnland eine der international höchsten Quoten an jugendlichen Arbeitslosen, an Alkoholikern und an Suizidanten hat. Auf die Tatsache, daß Finnland in den Bereichen Physik, Chemie, Medizin bislang einen einzigen Nobelpreisträger (nämlich 1945 in Chemie) hervorgebracht hat, während es in diesen Fächern in Deutschland bis 2011 exakt 79 waren, sei ebenfalls hingewiesen.

21. Die DDR war schulisch alles andere als führend und keineswegs das Vorbild für Finnland.

Immer wieder hört und liest man, Deutschland hätte nach der Wiedervereinigung mehr Elemente des DDR-Systems übernehmen müssen, weil es in der DDR hohe Standards gegeben habe. Die „schlauen" Sachsen und Thüringer lägen deshalb vor den Schülern aus Bayern und Baden-Württemberg. Das ist ebenso unsinnig wie die Behauptung, Finnland habe bei PISA deshalb so gut abgeschnitten, weil es in den 1970er Jahren das DDR-Schulwesen kopiert hätte.

All dies ist pure Geschichtsklitterung. Man sollte vielmehr ein paar Fakten zur Kenntnis nehmen. Erstens rangieren nur Thüringen und Sachsen in den Leistungsstudien an der Spitze. Andere ostdeutsche Länder, die ja die gleiche DDR-Substanz hatten, nämlich Sachsen-Anhalt, Mecklenburg-Vorpommern und Brandenburg, liegen bei allen Leistungsvergleichen im unteren Mittelbereich oder weit hinten am Ende der innerdeutschen Ranglisten. Zweitens: Überhaupt nicht konkurrenzfähig war das DDR-Schulsystem mit den Kenntnissen seiner Schüler in den Fremdsprachen. Drittens: Sehr einseitig, nämlich ideologisch geprägt, waren die Kenntnisse der DDR-Schüler in Fächern wie Geschichte, Geographie, Wirtschaft, Politik. Viertens: Die Quote der Schüler, die in der DDR auf direktem Weg das Abitur machen konnten, lag bis weit in die 1980er Jahre hinein bei acht Prozent. Auf diesen Weg zum Abitur durften sich in der Regel ohnehin nur Kinder aus nicht-bürgerlichen oder aus ideologisch zuverlässigen Elternhäusern machen.

22. Wir brauchen Bildung statt PISA.

Es ist ein ärmliches Verständnis zu glauben, PISA bilde Bildung ab. Nein: PISA mißt nur einen kleinen Sektor aus dem Lerngeschehen. Ausgeblendet bleiben bei PISA weite Bereiche schulischer Bildung: Fremdsprachen, Literatur, Religion/ Ethik, Geschichte, Kunst, Musik, Sport. Wir brauchen eine Schule jenseits von PISA. Wir müssen uns wieder auf den Eigenwert des Nicht-Meßbaren besinnen. Wir sind mit dem Grundsatz, daß unsere Schulen Allgemeinbildung und nicht nur Meßbares leisten sollen, gut gefahren.

Bildung hat sehr wohl einen zweifachen Auftrag: Sie hat durchaus Nützliches und Verwendbares zu vermitteln, sie hat aber auch persönliche und kulturelle Identität zu fördern. Das Gleichgewicht zwischen Bilanzierung und Freiraum, zwischen Verwertungsdenken und Bildungsauftrag, zwischen Ökonomie und Kultur, zwischen Zielstrebigkeit und Entschleunigung ist allerdings weg. Das Volk der großen Dichter, Denker und Pädagogen droht bildungspolitisch in die Falle des Nützlichkeitsdenkens und des Wahns zu tappen, alles an Bildung messen und in kürzester Zeit vermitteln zu können. Mit solchen Denkansätzen aber droht eine planwirtschaftliche Verarmung von „Bildung": Bildung ist das, was PISA mißt, die OECD an sogenannten Akademikerquoten vorgibt und was schnell geht, so scheint es.

Besonders betrüblich ist, daß sich sogar manche Erziehungswissenschaftler auf solche Sprechblasen einlassen oder gar meinen, voranmarschieren zu müssen im naiven Glauben, alle Bildung „handhaben" (denglisch: „hääändeln") zu können wie das Marketing einer neuen Zahnpasta.

Die Bertelsmann-Stiftung – manche halten sie ohnehin für das heimliche Bildungsministerium mancher deutscher Länder - ist eine Einrichtung, die so tickt. Ein führender Stiftungsmann etwa, Jörg Dräger, vormals Hamburger Wissenschaftssenator, denkt in solchen Kategorien. Seinen Berechnungen zufolge würde das Bruttoinlandsprodukt „innerhalb eines Menschenlebens um 2800 Milliarden steigen", wenn man die Zahl der Risikoschüler drastisch verringerte. Außerdem schreibt Dräger in einem Magazinbeitrag Ende 2011 wörtlich: „Pro Jahr könnten so mehr als 400 Fälle von Mord und Totschlag, mehr als 13.000 Raubüberfälle und mehr als 300.000 Diebstähle vermieden werden." Wie das geschehen soll, bleibt freilich ziemlich im dunkeln. Aber „bildungsökonomisch" macht sich so etwas gut.

Mit PISA sowie mit der um sich greifenden „bildungsökonomischen" Betrachtung ist der Bildungsdebatte aber jegliche pädagogische Anthropologie abhanden gekommen. Zu einer solchen Anthropologie würde die Betrachtung des Menschen als „homo faber" und als „homo ludens" gehören. Der Mensch erfährt seine Existenz durchaus in aktiver Auseinandersetzung mit der Welt. Arbeit und Leistung dieses „homo faber" sind Ausdruck des Höchstindividuellen, zugleich Motor und Ergebnis freier Persönlichkeitsentwicklung. Dem „homo faber" steht gleichberechtigt aber der „homo ludens" zur Seite. Beide Daseinsformen ergänzen sich. Das Spiel ist Grundkategorie des Menschlichen, es ist zugleich kultur- und persönlichkeitsbildend. „Der Mensch spielt nur, wo er in voller Bedeutung des Wortes Mensch ist, und er ist nur da ganz Mensch, wo er spielt." So heißt es bei Schiller im 15. seiner 27 Briefe „Über die ästhetische Erziehung des Menschen" (1793). Für Nietzsche ist das Spiel als Kunst sogar lebensnotwendig, wenn er schreibt: Wir haben die Kunst, damit wir am Leben nicht scheitern.

Bildung kann ansonsten nicht für andere Zwecke instrumentalisiert werden, sonst ist sie „nur" Qualifizierung. Das humanistische Aufbegehren gegen eine solche Einengung kennen wir seit Platon. Sein Verdikt richtete sich gegen die Sophistik und deren Brotkunst. Seitdem hat sich das humanistische Aufbegehren gegen eine Verzweckung von Bildung regelmäßig wiederholt.

Deshalb sollte sich jeder an Bildung Interessierte einmal das bildungspolitische Papier der Deutschen Bischofskonferenz (DBK) und der Evangelischen Kirche in Deutschland (EKD) vom November 2000 ansehen. Es trägt den Titel „Tempi – Bildung im Zeitalter der Beschleunigung". Darin wird Kritik geübt an einem „Totalitarismus neuen Typs", nämlich dem „subjektlosen Funktionalismus", der auch die Bildung erobere. Es wird gesagt, die Wirtschaft profitiere vom Sabbat. Mit anderen Worten: Gerade das „unnütze" Wissen macht den Menschen zum Menschen.

Schulen sind keine Unternehmen. Eine ausschließlich oder auch nur überwiegende ökonomische Betrachtung von Schule verbietet sich. Schule kann nicht nach Rentabilitäts-Gesichtspunkten geführt werden. In einem Unternehmen – das ist klar – muß man alles wegrationalisieren, was sich nicht lohnt. Alltag in Schule aber ist es, daß sich hier bei einem Teil der Schüler nichts zu lohnen scheint. Hier nach Rentabilitätsgesichtspunkten zu arbeiten, das liefe aber auf eine unsoziale Vorstellung von Schule hinaus.

23. Inhalte sind wichtiger als Methoden.

Früher plante, organisierte, steuerte und kontrollierte der Lehrer den Unterricht; er war bestrebt, die Schüler zu fördern, zu fordern, zu aktivieren, zu faszinieren; vor allem orientierte er sich an verbindlichen, wichtigen Stoffen. In progressiver Pädagogik sind die Inhalte obsolet geworden. Der Lehrer wird zum „Moderator" und „Supervisor", der nur noch Lernzirkel oder Materialtheke anzubieten sowie auf „selbstgesteuertes Lernen" („SegeL"), Selbststeuerung, Selbstentfaltung, Selbsterfahrung, Selbstevaluation, Selbstqualifizierung, Selbstregulierung, Selbstunterricht der Schüler zu setzen braucht. Die Schüler werden sich dann – so wird unterstellt - in Still-, Einzel-, Partner-, arbeitsgleicher oder arbeitsteiliger Gruppenarbeit irgendeines Arbeitsmaterials bemächtigen und „Freiarbeit" leisten. Inhalte spielen dabei keine Rolle. Aktion („action") wird zum Selbstzweck. Was Kinder von solch vermeintlich kindzentriertem Aktionismus halten und wie sehr sie sich am Ende damit langweilen, bringen sie in der ihnen eigenen Offenheit auf den Punkt. Der Schülerspruch „Müssen wir heute wieder tun, was wir wollen, oder dürfen wir heute, was wir sollen?" könnte wahr sein!

Konkret sieht Unterricht solcher Art wie folgt aus: Der Quasi-Lehrer bietet als Moderator einen Input, zum Beispiel in Form eines Films oder eines Bildes. Dann folgt - bevorzugt im doppelten Stuhlkreis („Kugellager") oder qua „Marktplatz" - eine „Murmelphase", in der die Schüler sich gegenseitig befragen. In Einzelarbeit oder Partnerarbeit oder Gruppenarbeit entstehen sodann „Mindmaps", schlichte Plakate oder auch PPPs (Power Point Presentations). Überhaupt ist die Präsentation zum Gipfelpunkt schulischen Arbeitens geworden. Kritiker sprechen von einem Methodenzirkus, ja von einem Methodenimperialismus. In jedem Fall steckt dahinter ein inhaltlicher Minimalismus, der sich als „Lernen lernen" verkauft. Tatsächlich aber haben die Schüler dann oft nichts andres gelernt, also qua Fernbedienung eine PPP-Entertaste zu betätigen.

Mit Tiefgang, etwa in der Auseinandersetzung mit Sach- oder mit literarischen Texten, hat das nichts mehr zu tun. Denn trainiert werden soll vor allem das schnelle, das selektive Lesen, in der PISA-Sprache formuliert heißt das: „literacy", also die rasche Entnahme von Schlüsselwörtern aus Texten. Der Bedarf an Textmarkern ist entsprechend groß. Daß dabei aber nur eines gelernt wird, nämlich das Markieren von Texten, aber nicht das Erschließen und Reflektieren von Texten, dürfte klar sein. So manche Kultusministerien stört das nicht. Sie lassen zur vermeintlichen Verbesserung der Unterrichtsqualität Heerscharen von „Methodentrainern" über die Schulen herfallen, und wenn es denn sein muß, bestätigt die Bertelmann-Stiftung reflexartig qua „Evaluation", wie sinnvoll solches Arbeiten sei. Einfach strukturierte pädagogische Geister haben es eben gern einfacher.

In der Folge verzichtet man in progressiver Pädagogik immer mehr darauf, von Schülern konkretes Wissen einzufordern. Man schwadroniert von Methoden-, Basis-, Horizontal-, Sozial- und Handlungskompetenzen. Es gibt aber keine Bildung ohne Inhalte. Ohne Inhalte ist jedes Methodentraining Firlefanz. Wir brauchen wieder einen Primat der Inhalte vor den Methoden. Die blanke Forderung nach einer bloßen, inhaltsleeren Vermittlung von Kompetenzen wäre wie der Vorschlag, ohne Wolle stricken zu lernen.

Nein, es ist eine Renaissance des konkreten Wissens angesagt. Wir brauchen einen Grundbestand an Literaturkennt-
nis, an Wissen in den Fächern Geschichte, Geographie, Re-
ligion, Kunst und Musik. Dies ist auch deshalb wichtig, weil
kanonisches Wissen Verläßlichkeit bietet, weil es eine wichtige Kommunikationsgrundlage ist und weil wir schon viel
zu viel "Wissen unter aller Kanone" haben. Wer aber nichts
weiß, muß alles glauben. Er ist damit kein mündiger Staatsbürger, denn er ist dann verführbar für jeden Demagogen,
für jede politische Emotionalisierung – oder eben für jeden
Methoden-Guru.

24. Der lehrerzentrierte Unterricht bedarf dringend einer Renaissance.

Ein effektiver Unterricht ist durch folgende Merkmale charakterisiert: Der Lehrer stellt hohe Anforderungen und geschickte Fragen, er hält einen streng organisierten Unterricht, er aktiviert möglichst viele Schüler und gibt ihnen klare Rückmeldung, er sorgt dafür, daß es nur wenige Störungen gibt. Franz Weinert (ehemaliger und 2001 verstorbener Direktor des Max-Planck-Instituts für psychologische Forschung) schrieb dazu: „Zum Entsetzen vieler Reformpädagogen erwies sich ... eine Lehrform als überdurchschnittlich effektiv, die als ‚direkte Instruktion' bezeichnet wird ... Direkte Instruktion verbessert die Leistungen fast aller Schüler, erhöht deren Selbstvertrauen in die eigene Tüchtigkeit und reduziert ihre Leistungsängstlichkeit ..."

Nein, die Verteufelung eines straff von den Lehrern gesteuerten Unterrichts ist falsch. Der Unterricht darf nicht zum entspannten Sozial-Event und der Lehrer darf nicht zum Fremdkörper im Unterricht werden. Es ist eine Utopie anzunehmen, alle zwölf Millionen Schüler in Deutschland seien rund um die Uhr und das ganze Jahr hindurch begierig auf das Schöne, Wahre, Gute - und nur eine überholte Unterrichtsmethodik sei schuld daran, wenn Schüler „de-motiviert" seien. Unterricht ist eine wechselseitige Angelegenheit; Lehrer können noch so viel einbringen, wenn Schüler nicht ein Minimum an Interesse und an Anstrengung aufwenden, ist alles für die Katz. Unsere Schüler brauchen einen strukturierten und ergebnisorientierten (nicht nur erlebnisorientierten) Unterricht. Übrigens: Gerade leistungsschwächere und jüngere Kinder profitieren von einem klar strukturierten Unterricht. Gerhard Roth, einer der führenden deutschen Hirnforscher (siehe sein Buch „Bildung braucht Persönlichkeit" von 2011) bestätigt dies eindrucksvoll. Laut Roth ist eine „demokratische" Schule des „selbstbestimmten" Lernens nur für eine „sehr kleine Gruppe hochbegabter Schüler sinnvoll, aber nicht für die Mehrzahl der Schülerinnen und Schüler…" Über den in gewissen Kreisen polemisch diskreditierten „Frontalunterricht" schreibt Roth: „Der Frontalunterricht eines kompetenten, einfühlsamen und begeisternden Lehrers ist allemal wirksamer als eine wenig strukturierte Gruppenarbeit und ein nicht überwachtes Einzellernen." Das ist richtig, und jeder Schulerfahrene weiß: Kinder ziehen begeistert mit und lassen jede Animation beiseite liegen, wenn ein Lehrer von einer Sache spannend und mitreißend zu erzählen weiß.

25. Wir brauchen eine Offensive für das Schulfach Deutsch.

Keine andere Nation geht schulisch so gleichgültig mit der eigenen Muttersprache um wie die deutsche. Während in den meisten Ländern die Landessprache als Unterrichtsfach zwischen 23 und 26 Prozent des Gesamtunterrichts ausmacht, sind es in Deutschland nur 16. Und kaum eine andere Nation gestattet eine schulische Abschlußprüfung ohne verbindliche Prüfung in der Landessprache. Es kommt hinzu, daß in Deutschland bereits die Grundschullehrpläne mutter- bzw. landessprachlich auf Sparflamme eingestellt sind; selbst Bayern hat den Grundwortschatz der Grundschüler binnen weniger Jahre von 1.600 in den 70er Jahren über 1.100 im Jahr 1990 auf jetzt nur noch 700 Wörter heruntergefahren. Zugleich wird der Deutschunterricht in der Grundschule zugunsten eines zu diesem Zeitpunkt reichlich nutzlosen Englischunterrichts gekürzt. In höheren Jahrgangsstufen wurden anspruchsvolle Literatur und simple Gebrauchstexte in den Lehrplänen vieler deutscher Länder egalisiert, das heißt auf eine Ebene gestellt. Der Deutschunterricht hat sich diesen Vorgaben leider angepaßt und das Niveau heruntergefahren: Es gibt oft keinen verbindlichen Lektürekanon mehr; die Deutschlehrer sind gehalten, mit Texthäppchen statt mit Ganzschriften zu arbeiten; anstelle von kompletten Diktaten verlangt man von Schülern das Zustöpseln von Lückentexten; Tests im Fach Deutsch sind zu Multiple-Choice-Tests verkommen. Von den „Segnungen" der sogenannten Rechtschreibreform und der in einigen deutschen Ländern zugelassenen phonetischen Schreibweise sowie der geplanten Abschaffung der Schreibschrift ganz zu schweigen! Ein besonderes Ärgernis ist zudem die fortschreitende Amerikanisierung der Sprache der Pädagogik in Deutschland: Ohne Quality Management, Best Practice, Just-in-Time-Knowledge, Educ@tion und Download-Wissen scheint es auch schulisch nicht mehr zu gehen. Hier wird es höchste Zeit für eine Umkehr. Wir brauchen endlich eine Offensive zugunsten des Deutschunterrichts. Nicht nur die Ausbildungs-, Berufs- und Studierreife, sondern alle Bildungsbereiche und alle noch so heterogenen Schülerschaften würden davon profitieren. Das Beherrschen der Mutter- und Landessprache ist nämlich die Basis jeder Bildung.

26. Das Fach Geschichte muß aufgewertet werden.

Es hat sich gerade unter jungen Leuten ein ausgeprägter historischer Analphabetismus breit gemacht. Skandalös unterbelichtet ist zum Beispiel gut zwanzig Jahre nach dem Mauerfall die Behandlung des Themas DDR im Geschichtsunterricht. Dementsprechend ist laut einer Studie des „Forschungsverbundes SED-Staat" der Freien Universität Berlin das Wissen deutscher Schüler um die Zustände in der DDR höchst defizitär. Zum Beispiel: Mehr als die Hälfte der Schüler kennt das Jahr des Mauerbaus nicht. Nur jeder Dritte weiß, daß die DDR die Mauer gebaut hat. Ebenfalls jeder dritte Schüler hält Konrad Adenauer und Willy Brandt für DDR-Politiker, und Honecker ist angeblich demokratisch legitimiert gewesen. Die Stasi sei ein ganz normaler Geheimdienst gewesen. Schüler aus Ost-Berlin sehen die DDR mit einem Anteil von 48 Prozent nicht als eine Diktatur. Nur 27,1 Prozent der west- und 17,2 Prozent der ostdeutschen Schüler hatten Kenntnis von der Todesstrafe. 71 Prozent aller Schüler finden es gut, daß in der DDR jeder einen Arbeitsplatz hatte. Außerdem sei es den Rentnern dort besser als in der Bundesrepublik gegangen, und selbst die Umwelt sei in der DDR sauberer gewesen als in der Bundesrepublik.

Es ist kaum zu erwarten, daß diese Defizite zukünftig geringer ausfallen werden, denn der Geschichtsunterricht gerät schulisch mehr und mehr unter die Räder. Entweder gibt es das Fach Geschichte überhaupt nicht mehr, oder es bekommt immer weniger Schulstunden zugewiesen, oder es wird mit Geographie und Politik/Sozialkunde zu einem Fächer-Mix vermanscht.

Gewiß, Geschichte ist ein unbequemes Fach, weil sie - ohne Klitterung betrieben - Skepsis gegen Utopien zu vermitteln vermag. Von daher der antihistorische Affekt? Wichtig aber bleibt, daß mit dem Fach Geschichte das Eindringen in eine fremde Welt, die Reflexion der eigenen Herkunft, das Gewinnen der eigenen Identität möglich sind. Oder noch einfacher: Wer Geschichte ignoriert, muß damit rechnen, sie zu wiederholen – auch mit ihren dunklen Zeiten.

27. Unsere Schüler brauchen eine wirtschaftsbürgerliche Grundbildung; ein eigenes Schulfach „Ökonomie" ist nicht erforderlich.

In der öffentlichen Debatte kehrt regelmäßig die Forderung nach Einführung eines Schulfaches „Wirtschaft" wieder. Inwieweit das sinnvoll ist, darüber gehen die Meinungen auseinander. Wirtschaft und Wirtschaftspolitik wollen es. Kultusminister und Lehrer sind zum Teil anderer Auffassung. Vor überzogenen Erwartungen an ein Schulfach Wirtschaft ist jedenfalls zu warnen. Eines aber ist klar: Der junge Mensch muß zu einem mündigen Wirtschaftsbürger erzogen werden. Das wirtschaftliche Handeln des Elternhauses spielt dabei – als negatives oder positives Vorbild – eine prägende Rolle. In welcher Form ökonomische Bildung schulisch geschieht, ist indes zweitrangig. Ein eigenes Fach muß es nicht sein. Aber rund 200 Stunden ökonomische Grundbildung sollte jeder Schulabsolvent schon mitbekommen haben. Das entspricht in etwa einem wöchentlich zweistündigen Schulfach über zweieinhalb Jahre hinweg. Diese 200 Stunden können auf verschiedene Fächer verteilt sein: Das Fach Politik/Sozialkunde bettet Wirtschaftsfragen in politische Zusammenhänge ein. Das Fach Geschichte stellt die Entstehung unterschiedlicher Architekturprinzipien von Ökonomie dar, zum Beispiel die Leitideen und die Genese der Sozialen Marktwirtschaft. Die sprachlichen Fächer betonen wirtschaftliche Sachverhalte aus der Perspektive des betroffenen Bürgers oder im internationalen Vergleich. In Religionslehre/Ethik können ethische Aspekte der Ökonomie dargestellt und diskutiert werden. Ein solcher fachübergreifender Ansatz hat sogar den Vorzug der Multiperspektivität, er verteilt die wichtige Aufgabe der ökonomischen Grundbildung auf viele Schultern, und er verhindert, daß alle anderen Fächer den Auftrag dieser Grundbildung an ein Fach Wirtschaft delegieren und damit als abgehakt betrachten.

28. Der Fremdsprachenunterricht beschreitet in Deutschland mit dem Früh-Englisch und dem bilingualen Unterricht zwei Irrwege.

Ohne Einschränkung gilt: Immer mehr Menschen brauchen immer mehr und immer bessere Fremdsprachenkenntnisse. Die Schule muß sich diesem von der fortschreitenden Globalisierung geschaffenen Bedarf stellen. Sie muß es aber richtig anpacken dürfen. Ein Treppenwitz ist es etwa, daß ein „Frühenglisch" in der Grundschule zu Lasten der Stunden im Fach Deutsch geht. Dieses Frühenglisch ist auch deshalb ein Fehlschlag, weil es zu spielerisch und nicht systematisch genug betrieben wird. Englischlehrer der weiterführenden Schulen wissen zuhauf zu berichten, daß die Vorkenntnisse aus zwei bis vier Jahren Englischunterricht an Grundschulen in der Regel bereits nach acht Wochen der Eingangsklasse an der weiterführenden Schule „aufgebraucht" sind, daß die bisherigen Grundschüler die falsche Annahme, das Fremdsprachenlernen könne immer anstrengungslos erfolgen, auf das Fremdsprachenlernen in der neuen Schule übertragen und daß der sonst in der fünften Klasse sehr fruchtbare Neugiereffekt in der Begegnung mit der ersten Fremdsprache bereits verpufft ist.

Ein Irrweg ist auch der vielfach propagierte bilinguale Unterricht. Vor allem leistungsschwächere Schüler können hier häufig nicht mithalten. Und es gibt auch viel zu wenig Lehrer, die ein Sach-Fach in einer Fremdsprache unterrichten können. Zudem gerät ein bilingualer Unterricht zumeist zu einem einseitig frontalen Unterricht, da die Lehrkraft als einzige die Fremdsprache einigermaßen sicher beherrscht und sich die Schüler kaum noch aktiv beteiligen. Vor allem aber ist zu befürchten, daß das Fach-Wissen des Sach-Faches auf einem tieferen Niveau vermittelt wird und daß das fremdsprachliche Niveau diesem Fachniveau angepaßt werden muß. Kurz: Ein bilingualer Unterricht birgt die Gefahr in sich, daß er einer zweifachen Halbbildung Vorschub leistet.

29. Latein lebt!

In Zeiten eines reichlich utilitaristischen Bildungsdenkens hat eine – vermeintlich – tote Sprache schlechte Karten. Dem stehen allerdings gewichtige Argumente entgegen, die offenbar bei wieder mehr Eltern eine Rolle spielen. Bildung hat nämlich zu tun mit Reflexion und Nachdenklichkeit. Bildung hat zu tun mit Distanz zum Tagesgeschehen und mit Freiheit im Urteilen. Gerade mit Latein wird man das erwerben können, was in Sonntagsreden gefordert wird: Konzentration, Ausdauer, Sorgfalt, Unterscheidungsvermögen, Prägnanz im Ausdruck.

Der „Lateiner" wird eher gewappnet sein gegen eigene Geschwätzigkeit und gegen die Geschwätzigkeit anderer. Daß der Lateiner durch Latein zudem eine Schärfung seiner muttersprachlichen Kompetenzen erfährt, ist zwar kein Ruhmesblatt des Deutschunterrichts, aber es unterlaufen ihm dann wenigstens keine Schnitzer wie „Visas", „Internas" oder „das Optimalste".

Vor allem hat der Lateinunterricht eine mehrfach propädeutische Funktion. Als europäisches Erbgut führt das Lateinische ein in europäische Geschichte, es wird damit zum Schlüssel für europäisches Denken. Man könnte sagen: Eine Gegenwart ohne Latein wird provinziell. Sie tauscht römische Weitsicht gegen das Spießertum des Hier und Jetzt ein. Latein ist sodann philosophisch-politische Propädeutik. Unsere Vorstellung von

Staat und Gesellschaft, von Recht und Gerechtigkeit haben sehr viel zu tun mit libertas, lex, civitas, auctoritas, officium. Und Latein ist Schlüssel zur Sprache der Wissenschaft. 75 Prozent der deutschen Fremdwörter stammen aus dem Lateinischen. Wissenschaftliche Neologismen, gerade auch im Englischen, kommen ebenso von dort.

Das Lateinlernen demokratisiert damit die Fachterminologie, aus dem unverständlichen Fachchinesisch wird ein verständliches Fachlatein. Das gilt für die Sprache der Technik und der Medien (vgl. Reaktor, Radio, Video, Computer usw.) und im besonderen für die medizinische Terminologie; ein Arzt muß heute ca. 6.000 Termini kennen, die zu erheblichen Teilen aus dem Lateinischen stammen.

Latein ist schließlich Brücke zu europäischer Mehrsprachigkeit. Das gilt nicht nur für ein leichteres Erlernen der romanischen Sprachen Italienisch, Französisch, Spanisch, Portugiesisch, Rumänisch, sondern es gilt auch für das Englische, das zu fünfzig Prozent des gängigen Wortschatzes und zu mehr als sechzig Prozent des gehobenen Wortschatzes lateinische Wurzeln hat.

30. Die Computerisierung schulischen Lernens bringt nicht den erwarteten Erfolg.

Der Wunderglaube von einem mittels Computerisierung der Schulen angeblich mühelosen Lernen hat sich weitgehend erledigt. Ein in unbeabsichtigter Anlehnung an den „Poetischen Trichter" der Barockliteratur erhofftes computerpädagogisches Trichter-Lernen findet nicht statt, auch wenn die Rezepte noch so klangvolle Namen haben: didaktische Hyperlinks, knowledge-machines, Online-Learning, Download-Wissen usw.

Der Computer ist wichtig für das Lernen, aber er kann nicht zum Selbstzweck werden. Ein Joseph Weizenbaum befürchtete schon sehr früh, daß die Rundum-Computerisierung von Schule zu einer Stagnation mittels Innovation führt; er spricht von einer drohenden „Stagnovation" und fügt an: „Soweit ich weiß, gibt es keine Beweise, daß Programmieren für den Verstand besser ist als Latein." Beim Einsatz des Schulcomputers ist also mehr Realismus angesagt. Weder wird der Computer den herkömmlichen Unterricht ersetzen, noch wird der Unterricht ganz am Computer vorbeikommen. Eine Komplettversorgung der Schulen, d.h. eines jeden einzelnen Schülers mit einem schulischen Computerarbeitsplatz, ist weder notwendig noch erstrebenswert.

Tatsächlich provoziert ein überdimensionierter Einsatz neuer Informationstechniken Kollateralschäden, die um so gravierender ausfallen, je früher dieser Einsatz in der Entwicklung der Kinder beginnt: Erstens können junge Menschen durch

Multimedia in der Fähigkeit eingeschränkt werden, zwischen faktischer Realität und virtueller „Realität" zu unterscheiden. Schließlich ist alles auf dem Bildschirm immateriell. Neue Medien mit ihrer Power-Point-Ikonisierung aller Inhalte können zudem die Haltung fördern, Verpackung und Präsentation seien wichtiger als Inhalte. Lehrer erleben hier zunehmend, daß Schüler für ein Referat zwar einen gigantischen Aufwand in dessen Power-Point-Präsentation investieren, daß inhaltlich aber oft kein Satz logisch zum anderen steht. Zweitens fördern Neue Medien, vor allem das Internet, eine sprunghafte Wahrnehmung und die Haltung, Lernen habe immer mit Spaß und Animation zu tun. Die Folgen sind Mängel im Konzentrationsvermögen und in der Ausdauerbereitschaft. Ein elektronisches Klassenzimmer wäre drittens ein verarmtes Klassenzimmer ohne Er-Leben und ohne Reflexion. In ihm gingen - wie vorexerziert in den privaten Sendehäusern - Information und Unterhaltung eine pädagogisch unheilige Allianz ein. Und ein elektronisches Klassenzimmer liefe auf eine Schule der fortschreitenden Anonymisierung und Ent-Personalisierung von Lernprozessen hinaus.

Es geht um die Fähigkeiten, sinnentnehmend zu lesen, verständlich zu schreiben, Wichtiges und Unwichtiges voneinander zu unterscheiden sowie Informationen zu sortieren und zu bewerten. Das heißt auch: Wer sich in einem Buch und in einer Bibliothek nicht auskennt, der kennt sich auch auf dem Computerbildschirm und im Internet nicht aus. Das Buch muß also zentrales Medium bleiben, weil es Wissen permanent verfügbar anbietet.

31. Es gibt keine Bildungsoffensive ohne Erziehungsoffensive.

Wenn es zu Hause nicht klappt, dann klappt es in der Schule nicht. Das heißt: Es ist die Eigenverantwortung der Familien wieder stärker gefordert. Eigentlich ist dies eine Selbstverständlichkeit, die als Pflicht sogar im Grundgesetz (GG) und im Bürgerlichen Gesetzbuch (BGB) festgehalten ist. Grundgesetz Artikel 6, Absatz 2 lautet nämlich: „Pflege und Erziehung der Kinder sind das natürliche Recht der Eltern und die zuvörderst ihnen obliegende Pflicht." Leider wird der zweite Teil dieses Satz gerne vergessen, wiewohl er ja eine der ganz wenigen Pflichten enthält, die das Grundgesetz überhaupt kennt. Auch die Paragraphen 1626 und 1627 des BGB verpflichten die Eltern in Fragen von Erziehung und Bildung, nämlich „zum Wohl des Kindes" zu handeln.

Eltern etwa, die sich keinen Deut um die schulischen Belange ihrer Kinder kümmern, verstoßen gegen diese Pflichten. Und auch Eltern, die ihre gesetzlich vorgegebenen Pflichten mehr und mehr an die Schulen delegieren, von der Medien- und Freizeiterziehung bis hin zur Umwelt- und Gesundheitserziehung, vernachlässigen ihre Verantwortung. Überhaupt werden unsere Schulen wie gesellschaftliche Problem-Müllkippen behandelt. Alles was sich an Problemen anhäuft, wird den Schulen zur Erledigung überantwortet: Gewalttätigkeit, Extremismus, Fettleibigkeit usw. Man läßt die Schulen aber im Regen stehen, wenn sie mit extrem schwierigen Schülern zu tun haben, denn man gibt den Schulen keine Instrumente in die Hand, zum Beispiel die Möglichkeit, bei Schülern bei extremem Fehlverhalten soziale Dienste anzuordnen.

Viele Schulen, auch in Deutschland, versuchen es anders. Sie verlangen von den Eltern, daß diese ein spezielles „Schulgesetz" unterzeichnen. Seit 2011 läßt etwa eine dänische Schule von den Eltern einen Regelkatalog mit zwölf Punkten gegenzeichnen. Darin verpflichten sich die Eltern zum Beispiel, ihre Kinder an Schulaufgaben zu erinnern, Elternabende zu besuchen und die Kinder ausgeschlafen zur Schule zu schicken. Bei Zuwiderhandeln droht ihren Kindern die Entlassung aus der Schule. So weit so gut, das mag das erzieherische Engagement mancher Eltern fördern. Der Haken an der Sache aber ist, daß schwierige Kinder schwieriger Eltern dann wie Wanderpokale an andere Schulen weitergereicht werden. So manche Eltern werden auch gegen solche Maßnahmen resistent bleiben. Da sollten sich dann einmal Pädagogik und Politik zusammentun, um eine für die Kinder gute Lösung zu erschaffen.

Abseits solcher Maßnahmen sollte schlicht und einfach eines wieder Gemeingut werden, nämlich daß das (gute oder schlechte) Vorbild der Eltern die maßgebliche Rolle in der Erziehung spielt. Am einfachen Beispiel der Leseförderung wird das deutlich. Die Leseförderung muß in den Familien beginnen: Wenn die Eltern zu Hause nicht für Bücher, Zeitschriften und Zeitungen sorgen und in deren Nutzung Vorbild sind, dann lesen die Kinder eben kaum. Eltern aber, die selbst dauernd vor dem Fernseher sitzen, können schlecht ins Kinderzimmer rufen: Nun lies aber mal ein Buch!

32. Der Bedarf an Lehrern ist berechenbar.

Motivierte und fähige junge Leute in Deutschland für den Lehrerberuf zu gewinnen, ist nicht leicht. Hier ist es schließlich wie in keinem zweiten Land Volkssport geworden, dumm über Schule und Lehrer daherzureden. Nicht wenige Politiker und nicht wenige Medien haben den Lehrer zum „faulen Sack" oder zum „natürlichen Feind der Eltern" erklärt. Vor einem solchen Hintergrund braucht man sich nicht zu wundern, wenn junge Leute die Schule nicht ernstnehmen. Gewiß sind nicht alle 800 000 Lehrer in Deutschland Helden und Heilige, aber etwas mehr Zutrauen in die Institution Schule muß sein.

Darüber hinaus wäre es gar nicht schwer, den Lehrerbedarf solide zu prognostizieren und entsprechende Anwerbemaßnahmen zu starten. Man kennt die Altersstruktur der Lehrerschaft genau und damit den Ersatzbedarf, und auch die Schülerzahlen schlagen keine Kapriolen. Alle Schüler der weiterführenden Schulen des Jahres 2021 und die Berufsschüler des Jahres 2027 sind im Jahr 2011 schon geboren. Nun aber stehen wir einerseits in bestimmten Fächern wieder vor einer Lehrerschwemme, in anderen Fächern vor einem Mangel – nämlich an Lehrern der Fächer Mathematik, Physik, Chemie, Latein, ferner in den beruflichen Schulen der Elektrotechnik, Metalltechnik, Informationstechnik sowie der wirtschaftlichen Fächer. Hier hat die Schulpolitik versagt.

Überhaupt muß es gelingen, den Lehrerberuf wieder attraktiver zu machen, damit ein Lehramtsstudium auch für hochmotivierte und hochbegabte Abiturienten interessant ist. Und wir brauchen – vor allem in den Grundschulen – endlich wieder mehr Männer, die diesen Beruf ergreifen. Die fortschreitende Feminisierung der Bildungs- und Erziehungsberufe ist weder für Mädchen noch für Jungen gut. Die richtigen Leute zu gewinnen, darauf kommt es im Lehrerberuf an. Das ist wichtiger, als stets neue und unausgegorene Reformen der Lehrerbildung zu inszenieren.

33. Ein Bildungsföderalismus garantiert Wettbewerb um die leistungsfähigsten Bildungssysteme. Ein Bildungszentralismus aber vereinheitlicht Ansprüche auf niedrigem Niveau.

Es ist erst wenige Jahre her, daß die Föderalismusreform über die Bühne ging und mit dem 1. September 2006 eine entsprechende Änderung des Grundgesetzes in Kraft trat. Mit dieser umfangreichsten Novellierung des Grundgesetzes seit 1949 wurde vor allem der Bildungsföderalismus weiter gestärkt. Mehr noch: Der Bund hat in Sachen Bildung nahezu nichts mehr zu sagen. Die Bundeskompetenz betrifft jetzt nur noch - und das eingeschränkt - Fragen des Hochschulzugangs und der Hochschulabschlüsse. Im Schulbereich ist der Bund völlig außen vor, auch einen Geldregen des Bundes, wie er mit vier Milliarden Euro von 2003 bis 2007 zur Förderung von Ganztagsschulen auf die Länder herunterprasselte, ist nicht mehr möglich. Gleichwohl vergeht kaum eine Woche, in der nicht Politiker oder andere sogenannte Experten nach mehr Zentralisierung der Schulpolitik rufen. All dies geschieht im luftleeren Raum. Eine Änderung des Grundgesetzes in Bildungsfragen zugunsten des Bundes wird es in absehbarer Zeit nämlich nicht geben. Das ist gut so. Denn diese retrospektive Prognose sei erlaubt – hätte der Bund etwa mit dem Regierungswechsel 1969 die Bildungskompetenz gehabt, dann stünde Deutschland heute schlechter da, als von PISA attestiert. Dann hätten wohl alle damals elf und später 16 deutschen Länder ein einheitliches Schulwesen verpaßt bekommen und am Ende Ergebnisse vorzuweisen wie die Schlußlichter Bremen und Berlin. So aber hat der Bildungsföderalismus wenigstens ein Minimum an Wettbewerb garantiert. Daß die süddeutschen Länder in Leistungsstudien gut, so manch andere schlecht abschneiden, ist immerhin ein konstruktiver Stachel. Was noch fehlt, das ist eine Kultusministerkonferenz, die endlich vom Einstimmigkeitsprinzip befreit wird und dann aufhören kann, sich am langsamsten der 16 deutschen Länder zu orientieren.

Ebenfalls im CLASSICUS Verlag erschienen:

Catharina Aanderud:
Weniger ist mehr – Zurück zum eigenen Maß

Umgeben von einem nie zuvor dagewesenen Überfluß an Konsumgütern und Informationen sind wir unversehens in die Situation des Zauberlehrlings geraten: Nicht mehr wir beherrschen die Dinge, sondern sie uns! Wollen wir zurück zu einem sinnvollen und erfüllten Leben, in dem wir uns wirklich lebendig fühlen, geht das nur über Verlangsamung und Achtsamkeit: das bewußte Erleben des Augenblicks.

ISBN 978-3-942848-16-9 240 Seiten, Paperback € 14,90

ISBN 978-3-942848-29-9 E-Book (E-pub): € 9,90
ISBN 978-3-942848-30-5 E-Book (mobipocket) € 9,90

Claudia Ludwig (Hrsg.), Franziska v. Aspern (Portraits), Ute Paulsen-Padelügge (Fotos):
POWERFRAUEN

Katja Keßler, Hellen Kwon, Katarzyna Mol, Inmi Patterson, Renate Schneider, Ina Tenz, Victoria Trauttmansdorff und achtzehn weitere POWERFRAUEN zeigen, daß sie ihren Erfolg vor allem ihrem fachlichen Können, ihrem Engagement, ihrem Talent, aber auch ihrem Fleiß, ihrer Hartnäckigkeit und ihrem Glauben an sich selbst verdanken.

25 Text- und Bildportraits erfolgreicher Frauen aus Kultur, Politik & Wirtschaft

ISBN 978-3-942848-03-9 192 Seiten, Hardcover € 19,90